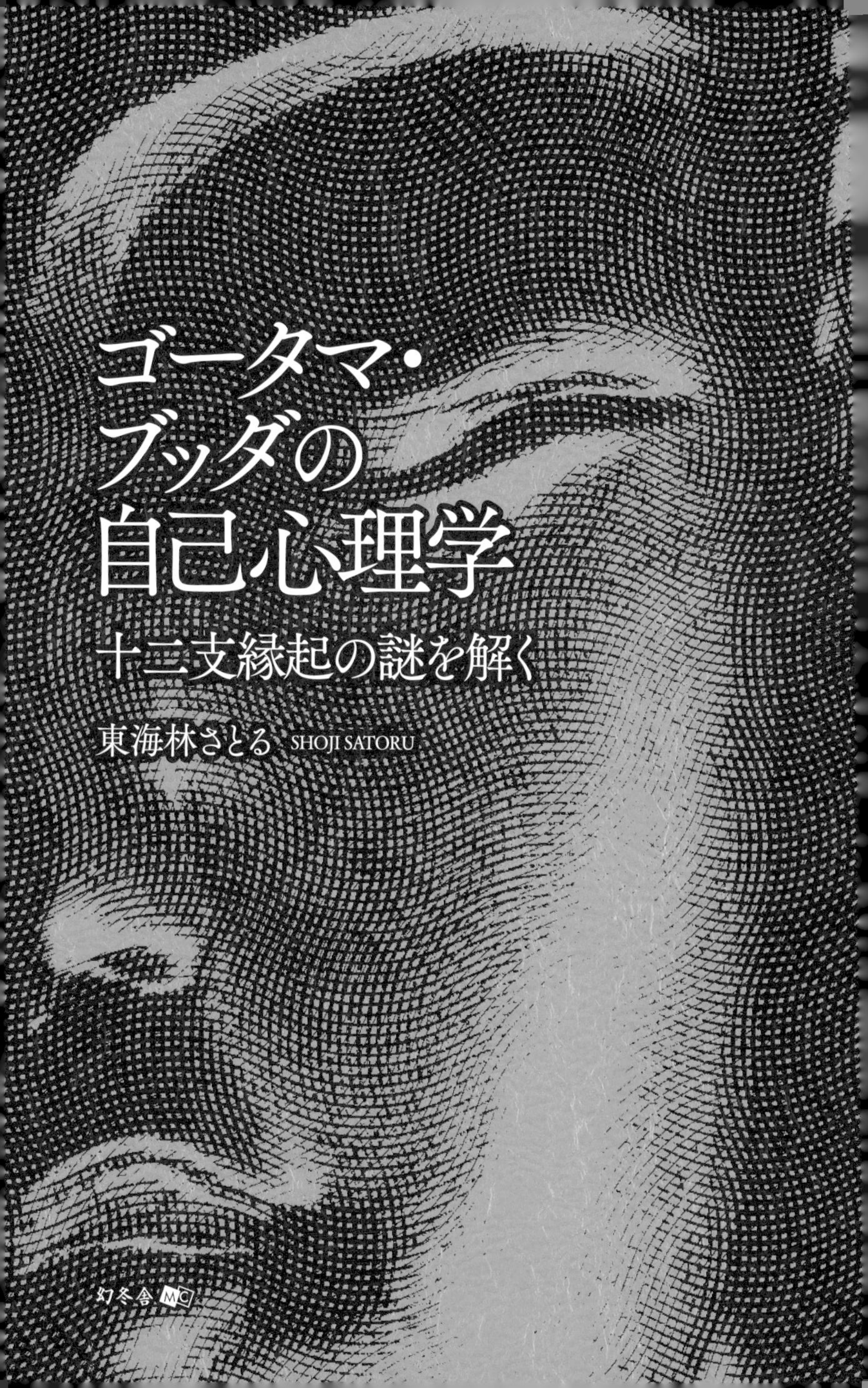

ゴータマ・ブッダの自己心理学

十二支縁起の謎を解く

東海林さとる　SHOJI SATORU

幻冬舎MC

ゴータマ・ブッダの自己心理学

十《じゅう》二《に》支《し》縁《えん》起《ぎ》の謎を解く

はじめに

何で、今さら仏教なのか。

皆さんは、仏教なんて古いと思っていませんか。

実は、つい最近まで僕もそう思っていました。

現代は、脳科学、心理学、認知科学の時代であります。正直、宗教なんて過去の遺物だと思っていました。科学的知識が広まれば、必要のないもの、いつか捨て去られるものと考えていました。そして仏教も宗教の一つと思っていました。

そう、ゴータマ・ブッダの十《じゅう》二《に》支《し》縁《えん》起《ぎ》を理解するまでは。

そもそも僕の興味は、「自己とは何か」「私とは何か」ということにありました。

哲学的、心理学的な自己の探求から始まり、脳科学や認知科学の知識の取り込みを必要としてきました。

そんな中、日本語の「自己」という言葉の起源はいつなのか気になったのです。

そして道元の自己との出会いが、仏教との出会いであります。道元は言います。

『仏道をならうというは、自己をならうなり。』

初めは、心を惹きつける言葉の奥深さに惚れてしまいましたが、そもそも仏教は自己探求から始まったものだということに気づかせてくれました。

それ以前に何となく知っている仏教のイメージは、宇宙物理学や素粒子理論まで視野に入れた宗教というものでした。

けれど、そういったイメージは、諸行無常、諸法無我という言葉の解釈の誤解からもたらされた誤ったイメージであることが分かりました。

実際は、むしろ自己に特化した心理学であり、意識的な現象、心の中の現象に焦点を当てた心理学だということであります。

自己というものについて、とことん問い詰めたのが仏教です。

つまり、自己心理学としての仏教というイメージが浮かび上がってきました。

「な〜んだ、自分の求めているものと同じじゃないか」

そんな訳で仏教について少しずつ学んでみたのですが、仏教に素人の僕にはとても歯が立ちません。

その歴史の長さから、仏教は様々な形に変遷しており、また独自の仏教用語は難解で多様化していて、理解することが困難なものとなっていました。いろいろな仏教の書物を読めば読むほど分からなくなるのです。ましてや解説が一定していないということもあり、誰の言葉を信じていいのかさっぱり分からないのです。

当然、僕の仏教に対する知識が圧倒的に不足しているせいではありますが。

そこで始まりの仏教だけに焦点を当てることにしました。もちろんそこでも聞きなれない仏教用語は難解であります。それでも様々な解説書を読みあさり、何とかおおまかな姿をとらえることができたような気がします。

そんな初期の仏教について学んでみて、得られた結論。

それは、ゴータマ・ブッダが始めた初期仏教は、もともとは実践的な自己心理学であったということ。それも、「とらわれの自己」から「自律した自己」への自己変革の心理学だということ。

言い換えればそれは、自己の成り立ちと自己へのとらわれの現実を知り、そこからの脱却を目指し、そして新たな自律的な自己へと自らを作り変えることを目標とする、そのための手段としての心理学というものであります。

けれどそこでは言語化することが困難な現象体験を伴うため、それを何とか言語化して伝えようとしたときから、人々は言語に伴う錯覚に惑わされ、当時としては理解することに限界があったと思われます。

特に、十二支縁起においては、ゴータマ・ブッダの教えを正しく理解できる人がいなかったか、誤解されて伝わった可能性があると思われます。

あるいは、正しい教えを口伝するうちに、後世の文字化する時代までに誤って解釈されてしまった可能性があります。

いずれにしても、十二支縁起を合理的に理解することは今もってできていないのが現状です。

それを本書でひもといていきたいと思います。

目次

第一章

十二支縁起の新解釈

難解とされる十二支縁起

十二支縁起（十二支縁起の法、十二支縁起の理法）は、ゴータマ・ブッダ本人が語っているように、理解することが困難な心理法則だと思われます。

『私の得たこの法は深遠で理解しがたく、悟りがたい。静穏で卓越し思考の領域をこえ、微妙であり賢者によってのみ知られるものである。……
……縁起の道理は理解しがたい。
……常識の流れに逆らい、精妙で深遠で理解しがたい。』（サンユッタ・ニカーヤ　6・1・1）

一つの話の中で、「理解しがたい」と三度も繰り返しています。

仏教学者であるリチャード・ゴンブリッチは『ブッダが考えたこと』の中で、こう述べています。

『十二支縁起は決してたやすく理解できるようなものではない。その細かな意味については、最初期の仏教徒のあいだでも論争があり、コンセンサスと呼び得る解釈は存在し

> ない。……
> ……彼の教えは深遠で理解しがたいといった発言は、私の知る限り他に類例がない。このことは、最初に経典をまとめ、この教えを記録した者たちが、自らの理解に確信が持てなかったことを意味するものと、私は解釈している。』

十二支縁起に限って言えば、ゴータマ・ブッダ亡きあとに記録された十二支縁起の説は誤って理解された可能性が高いと思われます。

その理由の第一は、現在においても誰もが納得できる十二支縁起の説明がないということであります。

これまで十二支縁起を解説する人それぞれによって解釈の違いがあるということは、基本となる解釈がないのか、解釈のもととなる資料そのものが間違っているかのどちらかと考えられます。

ただ一つどの説でも一致していることは、十二支縁起の因果関係の流れであります。同じ文献を頼りにしているのだから、そこだけは一致せざるを得ないのかもしれません。

しかしここで、あえて言うなら、この因果の流れの解釈が文字として記録されるようになった時代から、すでに誤解があったのではないかというのが、僕の仮説であります。

初めから解釈が間違っていたから、その後の解釈もみんな間違って当然というのが僕の見解であります。

こんな大胆なことをあえていえるのは、僕が仏教の歴史や内容、言葉に関して全くの素人であるからともいえますが、逆に先入観を持たずに十二支縁起を理解しようとすると、どうしてもそう考えざるを得ないのであります。

従来の十二支縁起の流れは、古い文献が正しいとの前提で成り立っています。

第二の理由は、従来の説明による十二支縁起の流れには、初めから矛盾が含まれているからであります。

苦の根源が無明《むみょう》にあるのはいいとして、従来の流れでは、無明から始まり、行《ぎょう》、識《しき》、名色《みょうしき》、六処《ろくしょ》、触《そく》、受《じゅ》、愛《あい》、取《しゅ》、有《う》、生《しょう》、老死《ろうし》と続きます。けれど、最後の老死の苦から再び無明に縁起するとなると、苦の根源が無明にあるとはいえなくなってしまいます。苦の根源であるはずの無明が、老死の苦から再び縁起することになるからであります。

古い文献にも、無明は縁によって起こるとあります。

『比丘《びく》たちよ、無明は無常であり、作られたものであり、縁によって生じたものであり、尽きてしまう性質のものであり、衰滅する性質のものであり、欲を離れる性質のものであり、消滅する性質のものである。』

（サンユッタ・ニカーヤ　12、20）

従来の解釈では、十二支縁起の円環は無明から始まり、行、識、名色、六処、触、受、愛、取、有、生、老死の苦まで行ってストップというもので、十二支縁起の円環が延々と繰り返されるものとは考えられていないようであります。

すると、十二支縁起における苦の輪廻《りんね》、つまり苦の流転は説明できないことになります。

アーナンダと十二支縁起

ゴータマ・ブッダのつき人として、常に近くでブッダの説法を聞いていたとされるアーナンダは、ゴータマ・ブッダの生きていたときには悟ることができなかったと伝えられています。ブッダの身の回りの世話で忙しく、自らの修行に集中できなかったのかもしれません。

また、初期仏教経典における十二支縁起の説は、主にアーナンダがゴータマ・ブッダの説法を聞いて理解したことの伝承と考えられています。

リチャード・ゴンブリッチの『ブッダが考えたこと』によれば、「大縁経《だいえんきょう》」の導入部で、アーナンダがゴータマ・ブッダに、自分は十二支縁起を理解したと嬉しそうに告げると、ゴータマ・ブッダは彼を叱責してそれを理解することは極めて難しいと言い放った、とあります。

この「大縁経」の導入部のエピソードを、凡夫による解釈で、以下に示してみたいと思います。

アーナンダは、ゴータマ・ブッダに次のように言いました。

「不思議なものです、尊師よ。驚くべきものです、尊師よ。

この縁起とは、何と深遠であり、深遠であるように見えることでしょう。

けれど、私には一目瞭然のもののように思われます。」

すると、ゴータマ・ブッダは、次のように言いました。

「アーナンダよ。そのように言ってはなりません。

アーナンダよ。そのように言ってはなりません。

この縁起は深遠であり、深遠であるように見える、などと。

アーナンダよ。この縁起の法則を知らず、理解しないことによって、人々は、糸がもつれ絡まったようになって、腫れ物におおわれたようになって、ムンジャ草やパッバジャ草のようになって、悪行や苦悩や不自由な状況の繰り返しから抜け出ることができないのです。」

このことからアーナンダは、ゴータマ・ブッダが説いた十二支縁起の内容を正確には理解することができなかったと推測されます。たぶん常識的な理解の範囲を超えておらず、その後に初期仏教経典として文献化されたものと思われます。

つまり、アーナンダが理解し記憶したことがそのまま伝えられたということは、残念ながらゴータマ・ブッダ亡き後に十二支縁起そのものを理解できた弟子は誰もいなかったと考えられます。

十二支縁起の「縁起」の意味について

十二支縁起の「縁起」という言葉の意味を自己心理学、脳科学の立場から、改めて現代の言葉で語っておきたいと思います。

「縁起」とは「因縁《いんねん》生起《せいき》」の略であります。因は、原因であります。縁は、（原因との）関係性であります。

原因となるものとの関係性により生まれ起こってくる「心の働き」が、「縁起」の意味するものであります。

「縁起」という「心の働き」を引き起こすものは、身体の行動に伴い、感覚器官によって知覚される対象となるものであります（例えば、リンゴを手に取れば、リンゴの形、色、香り、味、重さ、歯ごたえ、表面の感触、リンゴの木、リンゴ畑、リンゴ農家の人など、リンゴに結びついた様々なイメージが浮かびます）。

知覚されたものの集合（知覚の束）により、ニューロンの集合から成る無意識的な脳内に、知覚のパターンがいくつも形成され、それらが集まってネットワークが作られます。そのネットワークが新たなパターンを形成します（例えば、知覚されたリンゴのパターンとして、色のパターン、味のパターン、香りのパターンなど、いくつものパターンが脳内に蓄えられ、それらが集まってリンゴに関わるネットワークパターンを形成します）。

その無意識的なネットワークパターンを分類し言語化（意識化）したものが、意識的な「概念」となります（例えば、他の果物とは異なる「リンゴ」なるものが、そのネットワークパターンにより識別されます）。

それによって、特定のパターン認識が成立します（例えば「リンゴ」という認識が成り立ちます）。

「縁起」とは、意識的な「概念」を成立させる、無意識的な「心の働き」を意味した言葉であります。

古い文献にある従来の十二支縁起の流れ

並川孝儀《なみかわたかよし》氏の『構築された仏教思想』によれば、従来の十二支縁起の説明は、小部《しょうぶ》経典《きょうてん》の「ウダーナ」において、次のように語られています。

『私は、次のように聞いた。

ある時、世尊はウルヴェーラーのネーランジャラー河のほとりにある菩提樹の根元で悟りを開かれたばかりのところであった。

さてその時、世尊は七日間結跏趺坐《けっかふざ》して解脱の楽しみに身を置いていた。そして、その

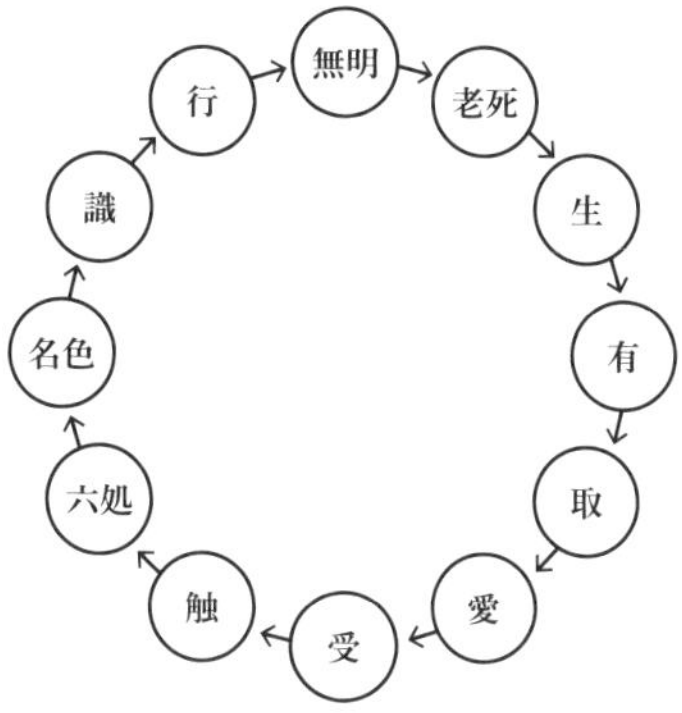

◉新解釈による十二支縁起の流れ

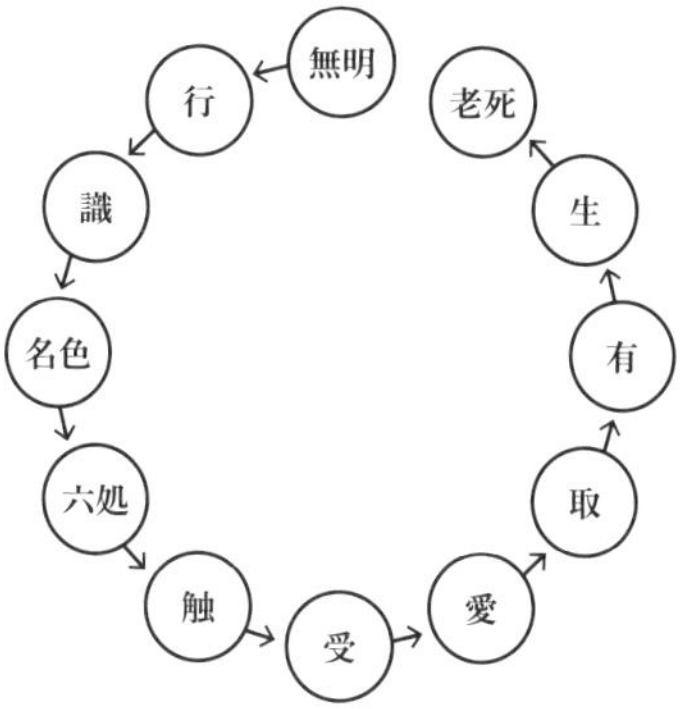

◉従来の十二支縁起の流れ

七日が過ぎて、世尊はその三昧《さんまい》から出られ、宵《よい》のころに、縁起を順に従って正しく思いめぐらした。

「これがあればかれあり、これが生じるゆえにかれ生じる」

すなわち、

「無明によって行が、行によって識が、識によって名色が、名色によって六処が、六処によって触が、触によって受が、受によって愛が、愛によって取が、取によって有が、有によって生が、生によって老い・死・憂い・悲しみ・苦しみ・悩み・失望が生じる」と。

この苦しみの集まりの原因は、このようなものである。』

また、十二支縁起の各支の意味については、相応部《そうおうぶ》経典《きょうてん》の分別12、2と、縁12、27において体系化され詳しく説明されていますが、その内容は煩雑で納得できる

ものとはなっていないと思われるので、ここでは省略します。

新解釈による十二支縁起の流れ

凡夫の理解する十二支縁起の流れは、信じられないかもしれませんが、従来の流れとは真逆であります。

無明から老死の苦、そして生、有、取、愛、受、触、六処、名色、識、行と続き、行まで行ったら、また無明へと続いていく流れであります。

車の車輪がクルクル回る（輪廻する）ように、老死の苦、生の苦が無明によって再び繰り返され回り続ける流れであります。つまり十二支縁起の円環が繰り返し回り続ける流れであります。

この流れだと、苦の根源が無明にあることに矛盾しません。

もちろんその流れを説明するための一つひとつの言葉の意味は、従来のものとは異なってきます。

それは僕自身が納得するための解釈であり、その解釈が仏教の歴史や言葉の意味において可能なものかどうかさえ正直自信はありません。

ただ、この流れに沿って理解すれば、現実世界における苦の繰り返しを説明することが可能になると思われます。

さしたる根拠はないのであります（僕自身が納得できる論理を展開しているだけかもしれません）。それゆえ僕の解釈もある意味こじつけととらえられても仕方ないと考えています。

ただそれが従来の説明よりも少し分かりやすくなっていると思われるだけであります。

十二支縁起が誤解される原因の一つに、「サンユッタ・ニカーヤ　12、20」の「縁」の中でゴータマ・ブッダが説いたとされる次の言葉があります。

『｛生まれること｝によって老死がある。』

という言葉は、普通「人が生まれて老いて死ぬ」という常識的な関係を述べたと思うかもしれません。

しかし、十二支縁起は理解することが困難で、常識の流れに逆らうとあるように、ゴータマ・ブッダが十二支縁起の説明において常識的なことを述べたとは考えにくいのであります。

さらに言えば、十二支縁起は心理法則であります。

ここでは、何が「生まれること」なのかはっきりしませんが、心に何かが「生まれること」によって「老死の苦」が起こるということを述べたと思われます。

その何かは、十二支縁起において、苦の根源であるとされる無明（無知、迷い）のことだと考えられます。

この「無知」や「迷い」とは、自我というものは実在するものではない（無我）ということを知らず、自我（自分）が実在すると錯覚していることを意味します。つまり、ゴータマ・ブッダは、心の中に「自我という錯覚」が「生まれること」によって「老死の苦」が起こるということを語ったものと思われます。

自己心理学から見た十二支縁起の意義

ここで、僕が考える十二支縁起の意義、重要性を指摘しておきたいと思います。

（人の心の中に起こる）

（一）自我という錯覚形成とその再生の心理的メカニズム

（二）苦の悪循環が形成される心理的メカニズム

（三）際限の無い欲望形成の心理的メカニズム

また間接的ではありますが、行為とそれに伴う感情の心理から、

（四）人間の悪い行為を生み出す心理的メカニズム

を示していると考えられます。人間の悪事は、際限の無い欲望によってもたらされると考えられるからであります。そして悪い行為を無くせば、善い行為へと変えられる可能性があります。

これら四つの形成メカニズムが一つにまとめられ十二支の円環として示されているのが、十二支縁起であります。

これらのことから、欲にまみれた自己を浄化するという自己変革が求められることになります。

ゴータマ・ブッダが座禅という瞑想修行によって悟りを得たように、苦を無くすための実践的方法論こそ、当時としての自己変革の具体的な方法論であったと考えられます。

凡夫と呼ばれる者でも、権威や先入観にとらわれなければ、気づくことのできるものがあるような気がします。古い文献にとらわれずに十二支縁起の解釈を試みることで、自我と苦と欲との関係が見えてきました。

古い文献に沿った解釈では、現代においても合理的に理解することは困難であります。それが何を意味するかは明らかであります。

けれど、仏教関係者がそれを公言することは、ためらわれることと思われます。

あえて凡夫である立場の者が単にたわごととして公言するならば、許されるのではないかと勝手に考えた次第であります。

つまり、古い文献にある十二支縁起の内容は、誤って理解された可能性があるということであります。

それを証明する唯一の方法は、誰もが認めることのできる合理的な解釈の仕方を示すことだと思われます。

そのための一つの試みを示してみたいと思います。

それが今日において合理的な解釈であるかどうかは、皆さんの判断にゆだねたいと思います。

凡夫による、こじつけ十二支縁起

では、その十二支縁起をゴータマ・ブッダにならって説いてみたいと思います。

無明に縁《よ》って老死が起こる
老死に縁って生が起こる
生に縁って有が起こる
有に縁って取が起こる
取に縁って愛が起こる
愛に縁って受が起こる
受に縁って触が起こる
触に縁って六処が起こる

六処に縁って名色が起こる
名色に縁って識が起こる
識に縁って行が起こる
行に縁って無明が起こる
以下繰り返し……。

これを現代語に訳すと以下のようになります。

（心の中に）
「自分という錯覚」（自我）が生まれることによって、自分の老死の苦が起こる
自分の老死の苦によって、自分の生が苦となる
自分の生が苦となることによって、自分の存在のあり方が問われる
自分の存在のあり方によって、自分の生存への執着が起こる
自分の生存への執着によって、自分の生存に関わる執着欲が起こる
自分の生存に関わる執着欲によって、自分の感情（快・不快）が起こる
自分の感情によって、他人との接触が起こる
他人との接触によって、互いの身体知覚が起こる
互いの身体知覚によって、互いの個人名が呼ばれる

互いの個人名によって、自他の識別が起こる

自他の識別によって、自分の行為の記憶（エピソード記憶）が形成される

自分の行為の記憶によって、「自分という錯覚」（自我）が起こる

以下繰り返し……。

ここで新しい解釈による十二支縁起の各支分の意味について詳しく説明する必要があるかと思われます。

第二章

自己心理学から見た各支の意味

「無明」とは、「錯覚としての自我」のこと

無明とは、一般に無知のこととされますが、何についての無知かというと、定方晟《さだかたあきら》氏によれば、ゴータマ・ブッダが悟ったとされる「無我」についての無知のことのようです。

また山田無文《むもん》氏は、著書『般若心経』において、次のように語っています。

『私どもの心というものは、実に何でも入れておける蔵だ。

……この何もかも入れておる意識の総合体の中から、私どもは自我というものを一つ作り出して来る。我という観念を作り出して来る。それが仏教で言う無明であり、そもそも迷いの元であります。』

南直哉《みなみじきさい》氏は「超越と実存」において、次のように解釈しています。

『人間は無常で無我であるにもかかわらず、自己として常に同一であると錯覚している。

……この根源的な妄想が無明と言われるものである。』

『この無明とは大いなる迷いであり、それによって永い間このように輪廻してきた。』

（スッタニパータ　７３０）

これらをまとめると、無明＝無我についての無知＝自我＝我という観念＝迷い＝自己という錯覚＝根源的な妄想、という関係が成り立ちます。

何についての迷いかというと、「無我」つまり「我というものは存在しない」ということが分からないで、「我（自分）というものが存在すると錯覚していること」を意味します。「自我」の存在を信じる誤った見解（我見）が迷いの内容です。

『五蘊《ごうん》に執着することによって我見《がけん》が生まれる。』

（サンユッタ・ニカーヤ　22、１５５）

五蘊とは、とりあえず現代的には「自分という意識」（自我）を形成する五つの心理的記憶要素のことであります。他人との関わりにおいて、自分に関することがらを記憶として取り込んだもの、「自己知識」ともいえます。

「サンユッタ・ニカーヤ　22、１２６」においては、

『無明とは、五蘊の生滅を正しく知らないこと』とあります。

自我を形成する五つの要素は、意識に生じたり、意識から消えたりすることを知らないこと

が、無明だと語っています。

少し煩雑になりましたが、とりあえず無明とは、「自我というものは存在しないということが理解できないこと」「無我についての無知」と解釈できます。

迷いの視点からは、「錯覚としての自我」（自我は錯覚である）を意味します。

結局、無明とは、「五蘊への執着から成る自分というものは存在しない」ということが理解できないことであるといえます。「自分という意識」を構成する五つの要素から成る「経験的な自分」というものは実在するものではなく、錯覚にすぎないということであり、そのことを理解できないことが、無明であると言っています。

また無明の倫理的な側面を述べた言葉もあります。

『無明こそ最大の汚れである。』

（ダンマパダ　243）

ここでの汚れは、人間の持つ「際限の無い欲望」を意味しているかと思われます。無明は、間接的に欲望の原因に成り得ることを述べたものであります。

『世間は無明によって覆われている。世間はむさぼりと怠惰のゆえに輝かない。欲心が

> 世間の汚れである。苦悩が世間の大きな恐怖である。』
>
> （スッタニパータ　1033）

ここでは、人々の心の中の世界（世間）における無明（無知）とむさぼり（執着）と欲望と老死の苦悩の関係について語られています。

十二支縁起の関係で言えば、無明（錯覚としての我）、老死（老いと死の苦悩）、取（我の生存への執着）、愛（我の生存への欲望）の縁起関係を述べたものであります。

> 『どんな苦しみが生ずるのでも、すべて無明によって起こるのである』
>
> （スッタニパータ　728）

リチャード・ゴンブリッチは、「無明」という語は、パーリ語において「無知」を意味するとともに「非存在」をも意味すると言います。

ゴータマ・ブッダは、「我」の非存在を意味する「無我」を、同じく非存在を意味する「無明」という言葉によって表現したのかもしれません。

ゴータマ・ブッダが生きた時代、バラモン教のウパニシャッド哲学においてヤージュニャヴァルキア師は、「我」（アートマン）は太陽に象徴される光輝であるとされ、「光明を発するもの」ととらえています。

◉錯覚としての我

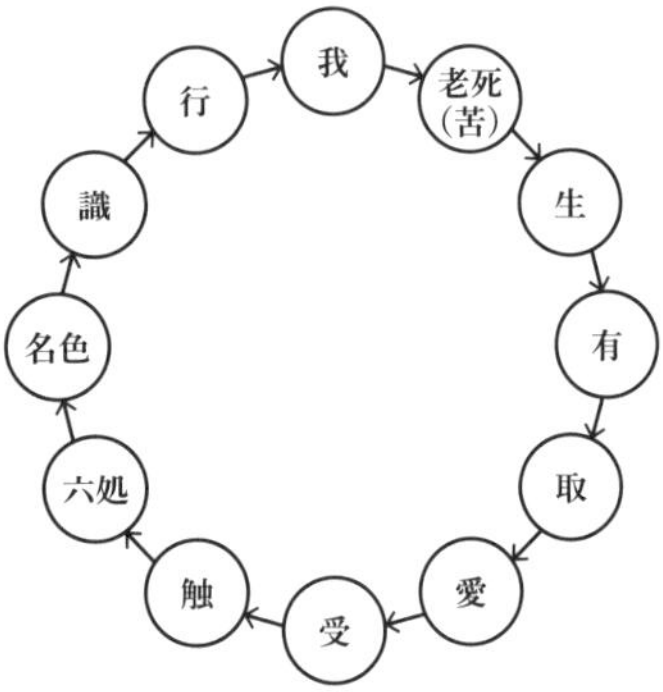

「無我」という知恵（智慧）を体得し、「無我」を唱えるゴータマ・ブッダは、ヤージュニャヴァルキア師が言う「我」の象徴としての光明《こうみょう》という言葉に対して無明という言葉を対置したと考えられます。

ヤージュニャヴァルキア師　　我—光明（ウパニシャッド）
ゴータマ・ブッダ　　無我—無明（仏教）

つまり「無明」という言葉は、真実は無我だけど、「無我を知らないで我があると錯覚している」という心の迷いを意味しています。

十二支縁起の「無明」（迷い）を「錯覚としての我」とすれば、十二支縁起がより理解しやすくなると思われます。

これだと、我（自我）というものがあるから、自分の死が怖くて苦悩すると素直に理解できます。

けれど「無我」を主張する仏教において、「我」という言葉を重要な十二支縁起の法のトップに位置づけたのでは、誤解が生じやすいと考えたに違いありません。

そこで、「錯覚としての我」の代用語として、錯覚によって無我の真実が見えていないことを意味する「無明」（迷い）を十二支縁起の一支分に位置づけたのだと思われます。

——けれど、そのことが逆に十二支縁起の理解を困難にし、誤解を生じさせる原因になったかもしれません。

「老死」とは、「一人称の老死苦」のこと

ここでの老死とは、「老死苦」、「老いと死について苦悩すること」であります。十二支縁起では、「苦」という言葉が省略されているので誤解されやすいのですが、単なる生物としての「老いと死」ということではありません。

人は言葉を覚えると、やがて「死」という概念を意識する生き物であります。人は「死」を恐れていますが、恐れているのは「一般的な人の死」や「他人の死」ではありません。人が恐れているのは、一人称の死、つまり「自分自身の死」なのです。たとえ他人が癌になっても自分は怖くありません。しかし、もしも自分が癌だと言われたら急に怖くなるのではないでしょうか。

人が恐れているのは、「自分というものに条件づけられた死」なのです。

自分の老いと死は、「自分の思い通りにならないこと」だから苦なのです。

人は自分が老いて死ぬことを想像し、恐れ、苦悩します。自分（自我）という者が存在すると思っているからこそ、自分の老いと死を恐れ、苦悩するのです。「自分が死ぬということの意味」が理解できず、死によって最終的に生きていることの意味がすべて失われてしまうのではないかと想像し、そのことを恐れています。昔から「意味の無い自分の死」というものを、人々は恐れているのです。


『ああ短いかな、人の生命よ。百歳に達せずして死す。たといそれよりも長く生きたとしても、また老衰のために死ぬ。』（スッタニパータ　８０４）

『生まれたものどもは、死をのがれる道がない。老いに達しては、死ぬ。実に生あるものどもの定めは、このとおりである。』（スッタニパータ　５７５）

『熟した果実は早く落ちる。それと同じく、生まれた人々は、死なねばならぬ。かれらにはつねに死の怖れがある。』（スッタニパータ　５７６）

『すべての者は暴力におびえ、すべての者は、死を恐れる。』（ダンマパダ　１２９）

人々は死を恐れています。死から遠ざかろうとしています。死すべき宿命にあるにもかかわらず。

死を恐れることは、自分の直面する現実を恐れることです。死から遠ざかることは、自分の置かれた現実から遠ざかることです。それは自分自身を生きることから遠ざかることでもあります。

それでは自分を生きているとはいえません。現実にあると思われる自分の死に向き合って（死を覚悟して）生きるのでなければ、自分を生きたことにはならないと思われます。

「生」は、自分の死に条件づけられた自分の人生

通常の生と死の関係は、「生あっての死」という関係にあります。生物学的に見ればそうなります。

けれど、自分の意識にとっての関係で言えば、人は「自分の死」という意識を前提として生きているといえます。つまり、「自分の死」あっての「自分の生」となります。単純化すれば、「死あっての生」となり、常識の流れに逆らった関係となります。いつか訪れるであろう「自分の死」というものを、心のどこかで意識しながら日々生きているということであります。

自分にとっての生は、「自分の死」というものに条件づけられた生となります。

自分の死を意識した生（生きること）には、苦悩が伴います。

『この世における人々の命は、定まったすがたなく、どれだけ生きられるかわからない。いたましく、短くて、苦悩をともなっている。』

（スッタニパータ　574）

『見よ。他の生きている人々は、また自分の作った業（ごう）に従って死んで行く。彼ら生あるものどもは死に捕らえられて、この世でふるえ、おののいている。』

（スッタニパータ　587）

『たとい人が百年生きようとも、あるいはそれ以上生きようとも、ついには親族の人々から離れて、この世の生命を捨てるに至る。』

（スッタニパータ　589）

『生あるものには死がある。手足を切断され、殺され、捕縛されるわざわいもある。生あるものは苦しみに会う。』

（テーリーガーター　191）

「生」とは、単に「生まれること」ではなく、「生きるという行為」の始まり（生まれ）と継続を意味し、そこには「苦」が伴っているといえます。

「生まれること」という「生」の意味について

従来の十二支縁起では、「生」は「生まれること」と訳されてきました。

「生まれることによって、老いと死がある」という従来の十二支縁起の説明から、「赤ん坊として生まれて、やがて老いて死ぬ」という常識的な縁起のことだと解釈したのだと思われます。「生まれることによって、老死がある」という語りは、もともとは「無明（自我）が生まれることによって老死の苦がある」ということを意味していたのだと思われます。

赤ん坊として生まれることは、「老いと死の苦」に対する直接的な原因とはなりません。なぜなら、赤ん坊として生まれたとしても、まだ「自分」という意識もなければ、「老い」や「死」という概念についての意識さえないからです。

また、文献中の「生まれること」という言葉は、経験的な自我や自我の構成要素を意味する「五蘊」という言葉や「迷いの生存」という言葉とともに使われることが多いように思われます。

『個人存在を構成する五つの要素（五蘊）は、完全に知られて、根絶やしにされて存続している。生まれることを繰り返す迷いの生存が滅びてしまった。今や迷いの生存を再び繰り返すことはない。』

（テーラガーター　90）

この場合には、存在を構成する五つの要素、つまり五蘊から成る「迷いの生存」が「生まれること」を繰り返すと読めます。

『聡明なる人は、再び迷いの生存に生まれないために、心のこれらの思考作用をことご

とく捨てる。』

（ウダーナヴァルガ　31−34）

ここでは、心の思考作用によって「迷いの生存」として再び「生まれること」を否定しています。

『この世は虚妄の束縛を受けていて、未来に変化する可能性のあるもののごとくに見られる。愚者らは煩悩に束縛されていて、暗黒に覆われている。』

（ウダーナヴァルガ　27−6）

『束縛から迷いの生存が生じ、束縛を離れることから迷いの生存が滅びる。』

（ウダーナヴァルガ　29−40）

ここでの虚妄の束縛は、「五蘊の束縛」を意味し、煩悩の束縛は、「無明の束縛」を意味していると思われます。

五蘊の束縛により迷いの生存が生まれ、五蘊の束縛から離れると迷いの生存が消滅すると語られます。

これらのことから、「迷いの生存」とは、「五蘊に束縛された存在」または「五蘊によって存在すると錯覚される自我」のことを意味していると受け取れます。

つまり「迷いの生存」とは、迷い＝無知（無明）が生まれた存在のこと、現代的に言い換えれば、「迷いの状態にある人」「自我が生まれた人」「自我に目覚めた人」を意味する言葉と考えられます。

まだ「自我が生まれていない人」の場合には、「ただの存在」でありますが、すでに「自我が生まれた人」の場合は、「自我にとらわれている存在」となり、「迷いが生まれた存在」、「迷いの生存」といえます。

『わたしは、この生《うまれ》を構成する五つの要素（五蘊）について、このように、その味わいはこれこれであり、その禍《わざわい》はこれこれであり、またそれから脱出する道はこれこれであるとあるがままに知るにいたった。

……わが心の解脱は不動である。これがわが最後の生《うまれ》であって、もはや迷いの生（うまれ）を繰り返すことはないであろう。』

（サンユッタ・ニカーヤ　22、26）

『全く情欲を離れた人は、｛われはこれである｝と観ずることがないので、このように解脱して、……再び（迷いのうちに）生まれることがない。』

（ウダーナヴァルガ　27章28）

「サンユッタ・ニカーヤ　22―59　五比丘」において、「五蘊を嫌って離れるものは、欲望か

ら離れ、解脱する」と語ったあとに、「滅尽したのは生まれることである。完成したのは清浄行である」と続きます。

つまり、五蘊への執着（自我を構成する五つの要素への執着）を離れて「生まれること」が無くなるとは、「自我の再生」が無くなることを意味しています。

仏教用語の生《しょう》「生まれること」は、パーリ語のjati（ジャーティ）に由来しています。jatiには「諸蘊の出現」という意味もあり、「生まれること」は「五蘊が生まれること」（自我が生まれること）を意味していると思われます。

これらのことから、「生まれること」という言葉は、「赤ん坊として生まれること」ではなく、「迷いが生まれること」を意味し、錯覚としての我という意識、自分という意識が生まれること、一般的には「自我が生まれること」を意味していると考えられます。

また「生まれることを繰り返す」とは、再び「生まれること」であり、自我というものが、行為（身体行為、発語行為、思考行為）に伴って、そのつど更新され「迷いの生存」が「再生」されること、つまり「自我の再生」を意味していると思われます。

このことは、当時の輪廻思想、「生まれ変わり」思想において「霊魂の再生」と考えられていたものを、仏教では「自我の再生」という意味に転換し、輪廻というのは「自我の再生」の繰り返しを意味するものに転換したと考えられます。

再生によって繰り返されるものは、霊魂なるものではなく、「自我という意識」にすぎないという理解であります。

つまり十二支縁起における「生まれること」は、現代の言葉で言えば、子供が「自我に目覚めること」「自分という意識が心に生まれること」を意味していると思われます。「生まれることによって老いと死がある」という十二支縁起における最初の説明は、もともとは「自我が生まれることによって、老いと死の苦がある」ということを語ったものだと思われます。

現代的には、「自分という意識が生まれることによって、自分に関わる老いと死の苦悩が起こる」ということを述べたものと考えられます。

生（jati）における二つの意味

生については、苦の原因としての生（生まれ）と、苦としての生（生きること）の二つの意味があると思われます。宮下晴輝《みやしたはるき》氏の『倶舎論《くしゃろん》における誕生と死についての考察』の中に、十二支縁起の生（jati）についての記述があります。

『比丘たちよ、生（jati）とはいかなるものか。それぞれの衆生《しゅじょう》には、それぞれの衆生の種類における、生まれ、誕生、趣入、現起、諸蘊の出現、諸処の獲得がある。比丘たち

よ、これが生であると言われる。』（サンユッタ・ニカーヤ　12、2）

ここでの「生まれ」「誕生」は、生まれることそのものを表し、「趣入」「現起」は誕生する世界（物語世界）に関して用いられる表現とされます。「諸蘊の出現」「諸処の獲得」は、諸法の説明における解説と考えられます。

ここで注目すべきは、「諸蘊の出現」という言葉であります。諸蘊を諸法（五蘊）ととらえれば、「諸蘊の出現」は五蘊への執着（五取蘊）から起こる「自我の出現」を意味します。つまり、生（jati）は、「自我の出現」を意味していると解釈することができます。

生は「自我の生まれ」、「無明の生まれ」を意味していると考えられ、十二支縁起の初めに語られる「生まれることによって老死がある」という表現は、「自我（無明）が生まれることによって老死苦がある」ということを語ったものと解釈することができます。

次に、生が苦と解釈される場合を考えてみます。

まず唐《から》井《い》隆徳《たかのり》氏の「初期経典における縁起説の展開」から、「生と老」が苦であるとされる用例を見てみます。

『このように住し、自覚し、怠けない比丘は、実践しつつ、わがものとすることを捨てて、

『この世で智者として、生と老、憂いと悲しみという苦を捨てるだろう。』

（スッタニパータ　1056）

さらに、生が「生まれる瞬間」を表すのではなく、「生まれを起点とする生存」生涯を表している用例を見てみます。

『私は夜の初更《しょこう》に、以前の生まれに従って思い起こした。』

（テーラガーター　627）

初更は、午後7時から9時頃を指します。ここでの「以前の生まれ」は、他の韻文資料では「以前の生涯」を表現しているとされます。

つまり、ここでの生まれは、「生まれを起点とする生存」「生き始めてからこれまでの生涯」「生きるという人生のプロセス」を意味しています。

一般に「生」が苦であると解釈できるものとしては、苦諦で「生・老・病・死」は苦であると語られていることが挙げられます。

『比丘たちよ、実に《これ》が苦しみなる聖なる真理である。生も苦しみであり、老いも苦しみであり、病も苦しみであり、死も苦しみである。愁・悲・苦・憂・悩も苦しみである。』
（サンユッタ・ニカーヤ 56、11）

これらのことから、十二支縁起の一支分としての「生」は、「生まれること」ではなく、「生きることの苦悩」（生苦）を意味したものと理解できます。

よって、十二支縁起の説明における「生」は、死苦の原因としての「自我（無明）の生まれ」を意味し、十二支縁起の一支分としての「生」は、生まれてから死ぬまでの「人生における苦」（生苦）を意味していると理解できます。

「有」とは、「自分の存在のあり方」のこと

「有」は、いろいろな意味で解釈されますが、ここでは「自分の存在のあり方」と考えます。

人は「老い」や「死」という言葉（概念）を覚えると、自分は老いたくない、自分は死にたくない、自分は生きていたいと苦悩します。けれど同時に、人は自分の死を避けることはできないと心のどこかで気づいています。

すると今度は、自分の存在にとって有利となる生き方、少しでも長く生きられる生き方、行動や思考のあり方、つまり自分の生存様式を探ることになります。

浅野《あさの》孝雄《たかお》氏は、『古代インド仏教と現代脳科学における心の発見』の中で、「有」を「生得的傾向の具体化」ととらえています。生得的傾向とは「生きること」であり、その具体化とは「生き方」であると思われます。

すでに「自分という意識」にとらわれた存在となっているので、そこには、どう生きたらいいのかという苦悩が生まれます。「自分」というものが存在すると思うからこそ、「自分」はどう生きたらいいのかという苦悩が生じます。

「自分」というものが存在すると思うことそのものが、すでに「迷いの生まれ」を意味し、そう思っている人は「迷いが生まれた存在」であります。

中村《なかむら》元《はじめ》訳の初期仏教経典の中では、「迷いの生存」と訳されるものに相当するかと思われます。そして、「迷いの生存」として「どう生きるか」が問われます。誰かに「君はどう生きるのか」と問われているようでもあります。

「有」は、一般に「生存」とも訳されますが、多くの場合「迷いの生存」として語られることが多いように思われます。この場合「迷いの生存」は、生存の素因（五蘊）から成る「自我」を意味します。

十二支縁起においては「無明」（錯覚としての自我）を意味します。自我を構成する五つの要素が、五蘊であります。五蘊への執着（五取蘊）によって「迷いの生存」（自我）が形成されます。

つまり、五蘊への執着を断つことが「迷いの再生」（自我の再生）を終わらせることであると語られます。

『無明とは大いなる迷いであり、それによって永い間このように輪廻してきた。しかし明知に達した生けるものどもは、再び迷いの生存に戻ることがない。』

（スッタニパータ　７３０）

『この世の人々は、迷いの生存に執着し、迷いの生存を楽しみ、常に迷いの生存を喜び、迷いの生存からすっかり解脱することが出来ない。』

（ウダーナヴァルガ　32章34）

『生存に対する妄執（欲望）を断ち切り、実体についての固執を断ち切った修行僧にとっては、生まれを繰り返す輪廻が滅びている。今や迷いの生存を再び繰り返すことはない。』

（ウダーナヴァルガ　32章47）

『世間には種々なる苦しみがあるが、それらは生存の素因にもとづいて生起する。実に愚者は知らないで生存の素因をつくり、繰り返し苦しみを受ける。それ故に、知り明らめて、苦しみの生ずる原因を観察し、再生の素因をつくるな。』

（スッタニパータ　７２８）

『生存を構成する五つの要素（五蘊）をすっかり知り終えて、その根は絶たれたままである。』

（テーラガーター　１２０）

アンリ・アルヴォンによれば、生存の素因とは、生存を構成する五つの要素、つまり五蘊のことのようです。五蘊とは、自我（自己意識）を構成する五つの要素であります。

『自分にひとしい、あるいはひとしくない生まれ、生存（自我の生まれ）をつくり出す諸行（五蘊）を聖者は捨て去った。』

（ウダーナヴァルガ　26章30）

十二支縁起は、自我の存在を前提としています。自我という迷いを抱えた存在（有）だからこそ、どう生きるかという「生き方」が問われることになります。

「取」とは、「自我への執着」のこと

「取」は一般に「執着」のこととされます。

人にとっての最大の執着とは、「自分という存在」（自我）に対する執着です。

ここでの「取」は形成された自我に執着すること、つまり「我執」を意味します。何ごとも自分が大事と思うことです。

死の不安が強ければ強いほど、「自分という存在」に執着することになります。

また、「自分という存在」にしがみつけばしがみつくほど、そこからあらゆる執着が生まれ

てくるともいえます。「自分という存在のためならばどんなことでもする」となります。そのような執着は、昔から人が不老不死の薬を探し求めてきたという物語にもうかがうことができます。

「自分という存在」にしがみつけばしがみつくほど、自分の思い通りにならず（苦であり）、逆に自由を失ってしまうのではないでしょうか。

『自我に固執する見解をうち破って、世界を空《くう》なりと観ぜよ。
そうすれば死を乗り越えることができるであろう。』

（スッタニパータ　1119）

自我に固執する見解を、我見といいます。自我に固執しないで、世界が空となる心的体験をすれば、死の苦悩を乗り越えることができると言っています。

初期の仏典においては、「取」（執着）という言葉の多くが五蘊（自我を構成する五つの要素）への執着として語られています。

『世間には種々なる苦しみがあるが、それらは生存の素因にもとづいて生起する。実に愚者は知らないで生存の素因をつくり、繰り返し苦しみを受ける。それ故に、知り明ら

めて、苦しみの生ずる原因を観察し、再生の素因をつくるな。』（スッタニパータ　728）

中村氏は、同じことを別な箇所で言葉を変えて次のように訳しています。

『世の中にある種々様々な苦しみは執着を縁として生起する。実に知ることなくして執着をつくる人は愚鈍であり、繰り返し苦しみに近づく。だから、知ることあり、苦しみの生起のもとを観じた人は、再生の素因（執着）を作ってはならない。』

（スッタニパータ　1050－1051）

「知ることなくして、執着をつくる人は、繰り返し苦しみに近づく」とは、「執着によって苦しみが生まれるということを知らずに五蘊に執着する人は、繰り返し苦しみを受ける」ということであります。

ここでは、先の「生存の素因」（upadhi）に当たるところは、「執着」と訳されています。また「再生の素因」にも執着という訳をつけています。

ちなみに、並川孝儀氏は、「生存の素因」（upadhi）は、「生存のよりどころとなる根源的執着」と訳しています。

『執着の条件（upadhi）によって苦しみが起こる。』

（ウダーナヴァルガ　32章37）

先の「生存の素因」と今度の「執着」または「執着の条件」は、五蘊への執着を意味するものと思われます。

つまり、ここでの「生存の素因」（upadhi）は生存のよりどころである五蘊への執着（五取蘊）を意味する言葉であると考えられます。

また、ここに出てくる「再生の素因」という言葉は、「再びの生存の素因」のことですが、付加的に「執着」とも訳されています。

つまり再度「五蘊に執着すること」（五取蘊）の繰り返しを意味しています。それは、「再び迷いの生存に生まれること」であり、「自分というものが存在する」と思っていること「無明」（迷い）の繰り返しを意味していると思われます。

『いかなる常住なる生存も存在しない。またもろもろの形成されたものも常住ではない。個人存在を構成する五つの要素（五蘊）は、次から次へと生じては滅びる。これは危ない患いであると知って、わたくしは迷いの生存を求めることがなかった。』

（テーラガーター　１２１、１２２）

ここでの「常住なる生存」とは、ウパニシャッド哲学におけるアートマン（我）のことを意味していると思われます。

「もろもろの（心に）形成されたものも常住ではない」ということは、心の中に常住不変なるもの、アートマン（我）は存在しないということを意味しています。

「迷いの生存」は、「錯覚としての自我」にとらわれた「無知なる生存」のことで、十二支縁起の「無明」を暗に示しています。自我を構成する五つの要素（五蘊）に執着することによって、「錯覚としての自我」（無明）が生まれます。

その「自我に執着すること」で我欲が生まれ、それによって再び自我を構成する五つの要素（五蘊）に執着して、自我（無明）が再生されることになります。

けれど、同じ執着でも、「五蘊に執着すること」（五取蘊）と形成された「自我に執着すること」（我執）とは、意味が異なります。

十二支縁起の一支分「取」は、自我を構成する五蘊への執着ではなく、五蘊への執着によって形成された「自我そのものへの執着」「我執」を意味しています。

「愛」とは、「自分の生存への執着欲」のこと

十二支縁起における愛とは、渇愛《かつあい》のこととされます。

愛への渇きは、現代でいう欲望を意味していますが、自分の生存に執着したいという欲から生まれてきます。自分の生存に関わる執着欲が渇愛になります。それが、自分の中に際限の無い欲望（我欲）が生まれてくる理由であります。またそのこだわりから、我がもの（自分のもの）という所有欲が生まれてきます。

『人々は我がものであると執着した物のために悲しむ、所有している物は常住ではないからである。……

……我がものという観念に屈してはならない。』

（スッタニパータ　805－806）

本能的、生理的な欲求である食欲や性欲は、根源的な生存欲求でありますが、そのつど満たされれば消える欲求です。

けれど、自分（自我）に執着することで、自分の将来における不安と期待が取り込まれ、単なる欲求が過剰な欲望、際限のない欲望へと変わってしまいます。あるいは、その代償となるものを欲望することにつながります。権力やお金、社会的地位や名声などがその代償となる欲望の例といえます。

渇愛と無明との関係を語る言葉もあります。

『渇愛の根源となる煩悩を根絶しないならば、この苦は繰り返し現れ出る。』

（ダンマパダ　338）

渇愛（欲望）の根源は、無明（無知という煩悩）にあり、無明を根絶しなければ、渇愛（欲望）が繰り返され、苦も繰り返されると語られます。

これまでの流れから見ると、「五蘊への執着」により自我（無明）が形成され、「自我への執着」から我欲が生まれてくることが分かります。

また、自分の欲望も必ず満たされるとは限りません。むしろ満たされないことのほうが多いのではないでしょうか。欲望が満たされなければ、心は不満足な状態となり、不快を感じ、欲望を妨げる者に対して怒りを感じるようになるかもしれません。

「受」とは、「身体に起こる情動や感情」のこと

「受」は感受のこととされます。身体の情動、感情、快感や不快感を意味します。

生理的な欲求である食欲や性欲は、放っておかれると、不快な感情となって、イライラしたり不機嫌になったりします。空腹の赤ん坊であれば、泣きわめくことになります。

けれど、一時的に満たされると、生を充実したものと感じることができます。

美味しいものを食べると、その満足感から、生きていてよかったと思うことがあります。愛する人との一体感は、幸福な満足感をもたらします。

欲求が満たされれば快、満たされなければ不快となり、その後は快を求め不快を避けようとします。自分の欲求行動に伴って、自分の心の中に快、不快の情動が生まれます。

快は自分にとって、プラス感情、不快はマイナス感情です。対人関係における快は自己肯定感を生じ、不快は自己否定感を生み出します。

快、不快は自分だけでどうにかなるものではなく、他人との関係で快になったり不快になったり、思い通りにならないのが自分の感情です。

ある意味受け身の感情ともいえます。

もしも不快になれば、そこから怒り、憎しみ、妬み、恨み、悔しさ、憂い、悲しみなどのマイナス感情が生まれてきます。

『欲望をかなえたいと望んでいる人が、もしもうまくゆくならば、かれは実に人間の欲するものを得て、心に喜ぶ。欲望をかなえたいと望み、貪欲の生じた人が、もしも欲望を果たすことが出来なくなるならば、彼は矢に射られたかのように悩み苦しむ。』

（スッタニパータ　７６６、７６７）

貪欲《とんよく》とは、好ましい対象への執着を意味します。

「矢」は、初期の仏教経典では一般に煩悩の比喩として語られます。

つまり、自分が存在すると思うからこそ、自分の欲望が満たせない、自分のものにならない場合には、対象となるものに対して、怒りの感情や嫌悪感など否定的な感情が引き起こされることになります。

そして、その欲求不満の原因を他人のせいにしたりします。また、他人に怒りや憎しみをぶつけることによって、生じた欲求不満を解消しようとさえします。さらには、その怒りの感情や自己否定的感情にとらわれて、結局、感情に振り回されることになります。

「触」とは、「触れ合い」のこと

「触」は接触のことです。自分の欲望を満たすために、自分の快感原則によって、ものや他人と触れ合うことです。

食欲においては、自給自足であれば、他人と触れ合う必要はないかもしれません。けれど、乳児は母親と触れ合わなければ生きていけません。社会生活をしている人は、多かれ少なかれ他人と関係して食べ物や欲しい物を手に入れるかと思われます。ましてや男女の性愛であればなおのこと、他人（異性）と関係しない訳にはいきません。

他人と触れ合わなければ、自分の欲求を満たすことはできません。けれど、たとえ触れ合っても、いつも欲求が満たされるとは限りません。自分の思い通りにいかないのが人との触れ合いであります。

先ほどの「受」との関係で言えば、快を求めて他人に接近し、快を与えてくれる人に近づきます。逆に、不快な他人からは離れ、不快や危険を伴う人から遠ざかります。場合によっては、不快な人に嫌がらせをしたり、怒ったり、悪意を持って接したりすることもあります。

良好な接触が成り立つのは、快を求めて近づく場合か、すでに快を与えてくれる人だと分かっている場合であります。

欲求と行動のプロセスを考えた場合には、

【愛】まず無意識的に欲求（食欲、性欲）が生まれます（その欲求が意識化され、意欲が生まれます）。

【受】次に意識された欲求を満たそう（快を得よう）とします。

【触】さらに快を得ようと行動し、物や人に近づいて触れようとします。

このように、欲求を満たそうとする行動によって、愛から受、そして触への流れが形成されることが分かります。

「六処」とは、「身体の感覚器官を通した入力情報」のこと

ここでは、身体の六つの感覚器官（眼、耳、鼻、舌、身、意）によって、物というより、他人との触れ合いを通して知覚し認識する入力情報のことと考えます。

ここで「意」は、身体の感覚器官ではありませんが、感覚器官で知覚されたものを選択し注意することによって意識へと高める働きのことです。

ちなみに「意識」は、感覚器官で知覚されたものに注意を集中し（意）、脳内でのパターン認識（識）として記憶を形成する働きのことです。

乳児であれば、全身の感覚器官を使って母親の乳房を求め、母乳を味わい、乳房の感触、ぬくもりを感じているに違いありません。もう少し大きくなれば、自分の身体の感覚でもって、他人の顔や姿、振る舞いを見て、他人の声を聞いて、臭いをかいで、味わって、他人の身体に触れ、自分の知覚でもって他人を意識します。と同時に他人が思うであろう自分を意識するようになります。

恋人同士であれば、「愛しているよ」とか言いながら、全身の感覚を使って互いに愛し合うのではないでしょうか。

つまり十二支縁起の中の六処とは、自分と他人との求め求められるという相互作用の中にお

ける身体の感覚器官を通しての情報のやり取りのことを意味していると思われます。他人という対象があってのことですから、情報のやり取りも必ずしも自分の思い通りにはならないものであります。

　仏教で取り扱う世界とは、現実の物質的な世界というよりは、むしろ心の世界であるといえます。仏教における「世間」とは、今日一般に言う「世の中」、人間の社会という意味ではなく、（迷いにとらわれた）心の世界、意識の世界のことをいいます。「世間」（心の世界）における一切とは、認識を形成する要素としての六処のことを指します。六処は身体の感覚器官と感覚対象より成り、そこから得られる認識は身体を前提としたものだといえます。

　つまり、六処より成る心とは、感覚器官を有する身体に依存したものであることが分かります。「身体無くして、心無し」ということを意味します。

　心の世界における一切については、サンユッタ・ニカーヤ35-23　一切の中に、こうあります。

『比丘たちよ、何が一切なのでしょうか。

目と色かたちとであります。
耳と音とであります。
鼻と香りとであります。
舌と味とであります。
身体と触れられるものとであります。
意（意識）と法（概念）とであります。
比丘たちよ、これが一切と言われるものです。』

心の世界の一切の中には、自分（自我）も含まれます。

もしも、認識の対象が自分自身に向けられた場合には、自分に関わる情報（五蘊）の一切も、この六処を通して入力されることになります。自分がどう認識されるかにかかわらず、入力情報はこの六処という知覚情報でしかありません。

心の中の一切とは、身体の五つの感覚器官と意識を通して認識できる領域のこと、六処は自己知覚、五蘊は自己認識を示しています。

哲学者ヒュームは、『人性論』において、内観による自分に関わる入力情報のすべては、知覚によるものでしかないと観察し、自分を構成するものは意識に上って明滅する知覚の束にすぎないと言いました。

『自分自身と呼ぶものに最も奥深く入り込んでも、私が出会うのは、いつも、暑さや冷たさ、明るさや暗さ、愛や憎しみ、快や苦といった、ある特殊な知覚である。どんなときでも、知覚なしに自分自身をとらえることはけっして出来ず、また、知覚以外のなにかに気づくことはけっしてありえない。……

……すなわち、人間（自分）とは、思いもつかぬ速さでつぎつぎと継起し、絶えず変化し、動き続ける様々な知覚の束あるいは集合にほかならぬ、ということである。』

つまり、「六処」とは、ある意味、自我を構成するもととなる「知覚の束」であるといえます。

メルロポンティは、人が認識できる世界は、経験の世界のことであると言います。

我（自我）に関する認識も、経験の世界によってもたらされるといえるのではないでしょうか。

経験的な我（自我）を構成する要素は、仏教では五蘊のことを指します。

「名色」とは、「身体の名づけ」のこと

「名色」は、古典的解釈では「心と身体」（個人存在）を意味しているとされますが、十二支縁

起の場合には「個人身体の名づけ」と解釈します。

中村元氏によれば、「名色」とは古ウパニシャッドにおいて、もともとは現象世界のすべてを意味していたとされます。「名色」を「ものや現象の名前」と解釈すれば、うなずけます。

また中村氏は、「名色」という語は仏教にも継承されて人間の精神的側面（心）と物質的側面（体）を意味すると解釈されたけれど、それは無理にこじつけた解釈であろうと述べています。その理由として、インド思想一般の用例として「名」を精神と解釈することは無理があると言います。

つまり、名色の古典的解釈としての「心と身体」をもって個人存在を意味するには無理があると取れます。

むしろ「名色」を「個人の身体につけられた名前」と解釈すれば、個人存在を意味すると理解できます。私たちは、社会的には個人存在、個別存在につけられた名前によって個人を特定しているからです。

仕事の取引相手との初顔合わせでは、お互いに名刺交換をするかと思われます。そして次からは相手の人の名前を憶えて連絡し合うと思います。

普通、自分の身体感覚、言葉、思考を通して、他人との相互作用により、互いの身体の名づけが生まれます。

赤ん坊の場合には、まだ母親の名前を呼ぶことはできず、泣き叫ぶだけですが、母親からは固有名詞で呼ばれるのではないでしょうか。

初めは、ゆう君、たく君、みゆきちゃんとか固有名詞で呼ばれると思いますが、少し大きくなると「あなた」という人称代名詞で呼ばれることもあります。「ゆう君は、可愛いですねー」とか「あなたは、歌が上手ですねー」とか。

成長すれば、自分の身体の名づけには、一人称代名詞としての「私」「僕」「自分」などがあることを知ります。相手の身体は、二人称代名詞の「あなた」や「君」が一般的かと思われます。

お互いに名前（固有名詞、人称代名詞）を呼び合うことで、互いの身体（個人存在）の認識が成り立ちます。

『人間のあいだで区別表示が説かれるのは、ただ名称によるのみ。』

（スッタニパータ　611）

『世の中で名とし姓として付けられているものは、名称にすぎない。人の生まれたその時その時に付けられて、約束の取り決めによって仮に設けられて伝えられているのである。』

（スッタニパータ　648）

『非我なるものを我と思いなし、名色（個人名または一人称代名詞）に執着している。これこそ真理であると考えている。』

（スッタニパータ　７５６）

名前は人の区別のためであり、約束ごとで仮につけられたものだから、名前に執着すべきではないと語っています。

「ミリンダ王の問い」という仏典の中には、「名前の問い」というエピソードがあります。

まずミリンダ王が問います。

「いかにして、あなたは、尊師として世に知られているのですか。

尊者よ、あなたは、何という名なのですか。」

ナーガセーナが答えます。

「大王よ、わたくしはナーガセーナとして知られています。

大王よ、同胞である修行者たちは、わたくしをナーガセーナと呼んでいます。

また、父母は、ナーガセーナとか、スーラセーナとか、ヴィーラセーナとか、あるいはシーハセーナとかいう名前をつけています。

しかしながら、大王よ、この〈ナーガセーナ〉というのは、実は名称、呼称、仮名、通称、名前のみにすぎないのです。

そこ（名前）に、個人としての存在は認められないのであります。」

このエピソードが語るのは、個人の存在は、名前によって認識され、知られるということであります。けれど、その名前は、仮につけられたものであり、時と場合によって、名前は変化していきます。名前（個人名または一人称代名詞）は、個人存在そのものを直接意味するものではないといえます。

「私」とか「我」という一人称も、仮の名前にすぎないということであります。

「識」とは、「自他の識別」のこと

「識」は一般に分別による物の識別、認識のことですが、十二支縁起においては主に「自分」、「他人」という人の身体の識別、認識のことと考えます。

「自分」という認識は、他人との間でお互いに名前（人称代名詞）を呼び合うことで強化されます。他人に向かって、「自分は……」という一人称代名詞を繰り返し声に出すことで、「自分」という人称代名詞が自分の意識に固定されていきます。言葉にはイメージが伴いますので、「自分」という言葉に、そのつどの自分のイメージが付着します。こうして「自分」という言葉に伴うイメージが徐々に形成されます。

同様に「あなた」という言葉には、目の前の相手の人のイメージが形成されます。

ここで、触、六処、名色、識の関係を振り返ってみます。

触：相手の人と触れ合うことによって、相互行為が始まります。

六処：身体の感覚器官でもって相手（対象）を知覚すると同時に、自分も相手に知覚されます。五感に注意を傾けることで互いのイメージが形成されます。

名色：互いに知覚された身体の名前を呼び合うことで、自分と相手の名前による区別が成立します。

識：互いに知覚された相手のイメージと身体の名前が一致して、「自分」と「他人」という身体の識別が成り立ちます。

例えて言うならば、お互いに知覚された糸の束を、名前の横糸と身体イメージの縦糸として織なし、自分と他人という二つの認識の布が作られるといえます。

「行」とは、「自分の行為の記憶」のこと

「行」は一般に行動のもととなる意欲や、意志作用とされることが多いのですが、十二支縁起においては「潜在的形成力」の意味で取ります。何を形成するのかと言えば、自分の経験記憶

（自分の行為の記憶）の形成です。

現代心理学では、「エピソード記憶」とも「自己物語」とも呼ばれるものに相当します。記憶は、意識にとって潜在的なものでもあります。自分の行為の記憶は、自分の行為（身体行為、発語行為、思考行為）をベースに、「自分」という認識とともに形成（パターン化）されます。

ウパニシャッド哲学では、自分の業《ごう》、つまり自分の行為のパターンを意味していると考えられます。

そのつどの「自分の体験」や「自分のもの」という記憶を蓄え続けていきます。

自分は何を体験し、何を経験とするか、つまり何を記憶するかはほぼ無意識的になされます。良いことも、嫌なことも自動的に記憶され、後で消したいと思う記憶でもどうすることもできません。自分の記憶は、自分の思い通りにはならないものです。

「行」を意味する原語は、ヴェーダにおいて「自己を作り上げること」と表現する際の「作り上げること」と同じ接頭辞と語根から作られた名詞であると、馬《ば》場《ば》紀寿《のりひさ》氏は『初期仏教』の中で語っています。「行」には、「自己意識の形成」と言う意味合いがあるかと思われます。

リチャード・ゴンブリッチによれば、「行」というのは、あるプロセスまたはその結果のいずれをも意味し得るとされます。

また、ウパニシャッド哲学の輪廻思想に基づく「業」について、「業」はプロセスであると同時にその結果でもあると語っています。そして、我々は「自らの行為の相続人」であると言います。

このことは、「行」と「業」は同じ意味合いを持っていると取れます。つまり、ウパニシャッド哲学の「業」の意味合いを、仏教では「行」として表現したものと思われます。

結局、「行」の意味するところは、「自らの行為を引き継ぐもの」といえるのではないでしょうか。だとすると、それに相当するものは、現代では「エピソード記憶」と考えることができます。

諸行無常の「行」は、自我を構成する各要素による意識的現象という意味であり、自分の行為のプロセスと結果としてのエピソード記憶を意味しています。

五蘊（色受想行識）の「行」は、自分の行為の記憶（エピソード記憶）を意味し、自分の行為の結果を意味しています。

つまり、「行」は自分の行為のプロセスと結果の両方を意味しています。

スッタニパータの二種の観察の中で、

「どんな苦しみが生ずるのでも、すべて無明に縁って起こるのである」と語られ、その次に、

「およそ苦しみが生ずるのは、すべて潜在的形成力に縁って起こるのである」と語られます。

初めの言葉は、「無明から苦への流れ」を意味し、次の言葉は「行から苦への流れ」を意味

しています。

これらをまとめると、「行から（無明）そして苦への流れ」と見ることが可能です。十二支縁起に当てはめると、「行―無明―老死苦」の流れとして表現されます。

また、自分の経験記憶を想起することによって、「自分が存在する」という思い込み（錯覚）へとつながっていきます。

すると、行から無明への流れが再び繰り返されることになります。

つまり「迷いの生存」の再生となります。

これが凡夫の考えるこじつけ十二支縁起の流れです。

この流れは、すでに心の中に自我（自分という意識）が形成されていることを前提としています。

この流れに添って考えると、「無我への気づき」によって無明が消えると、老死苦も直ちに消えることになります。「無明」が苦の根源といわれるのは、自分の老死苦は「自分が存在するという錯覚」、つまり「無明」から直接得られるものです。無明から老死苦への縁起関係は、老死苦が自分に限定したものだと気づけば得られる直接的な関係だということです。

ここで示したように、従来の縁起の流れとは逆の流れで解釈することで、合理的な解釈が成り立つと思われます。

「無明」の由来について

ここに述べた十二支縁起は、「行」と「無明」によって、「自己意識」「自分という意識」があり「自分というものが存在する」と思っていること、言い換えれば「自我」または「迷える生存」を前提とした縁起関係であります。

「行」つまり「経験記憶」が無く、自我に目覚めていない段階では、「自分という意識」は無く「自分の死」にまつわる「死苦」という概念はまだありません。

となると、十二支縁起の始まり、苦の根源とされる「無明」はどこから縁起してきたのでしょうか。ここで無明の由来を考えてみたいと思います。

『わたくしは、家屋の作り手を探し求めて、幾多の生涯にわたって生死の流れを無益に経めぐって来た。あの生涯、この生涯と繰り返すのは苦しいことである。』

『家屋の作り手よ！　汝の正体は見られてしまった。汝はもはや家屋を作ることはないであろう。汝の梁はすべて折れ、家の屋根は壊れてしまった。心は形成作用（行）を離れて、妄執を滅ぼし尽くした。』

（ダンマパダ　153、154）

ここでの家屋は、心の住み家、心のよりどころとしての「我」＝「無明」を比喩的に表現したものと思われます。

家を出て修行することを意味する「出家」という言葉は、無明の比喩としての家屋から離れ出ることも意味していると思われます。

家屋（無明）から離れ出ることと、言葉としての出家が重なります。

そして家屋（無明）の作り手は、妄執（渇愛）であることが示されます。つまり、欲望によって我（錯覚としての我）＝「無明」が形成されることを述べています。十二支縁起の関係で言えば「無明」の原因が「愛」に由来することを語っているといえます。

十二支縁起において「無明」を逆に遡っていくと、行、識、名色、六処、触、受、愛まで遡ることができます。

無明は、行（行為の記憶）から起こり、
行は、識（自他の識別）からもたらされ、
識は、名色（身体の名づけ）から起こり、
名色は、六処（感覚器官を通した入力情報）によりもたらされ、
六処は、触（他人との接触）から起こり、
触は、欲求を満たそうと、受（快を求めること）から起こり、

受は、愛（根源的生存欲求）から起こると気づきます。

取、有、生、老死苦という十二支縁起の支分は、「自分という意識」があることが前提の概念です。「無明」「自分という意識」（自我）がまだ生まれていないときには、これらの概念もまだ生まれていません。つまり十二支縁起の支分としてはありません。

そして今度の愛は、これまでの渇愛（欲望）ではなく、欲求を意味します。

赤ん坊の生理的欲求、つまり「根源的生存欲求」としての「食欲」が「無明」（自分という意識）を生み出す根本原因ということであります。

ですから、苦の根本原因は、すでに「自分という意識」が形成されているときには「無明」ですが、その「無明」は、赤ん坊の生理的な欲求が原因となって母親と赤ん坊の相互作用によって生み出されてきたもの（自我の目覚め）であります。

現代心理学では、発達心理学に相当します。

そう考えると、苦のおおもとの原因は、「無明」というより、本質的には自我が形成される以前の根源的生存欲求（食欲）としての「愛」にあるといえます。

赤ん坊が欲求を満たす行為、母親との相互作用を通して、無意識的な行為の記憶から、やがて意識的な行為の記憶が形成され、自我という「自己意識」が生まれます。そして意識的な行為の記憶を何度も振り返ると、自我（自分）というものが存在すると錯覚します。

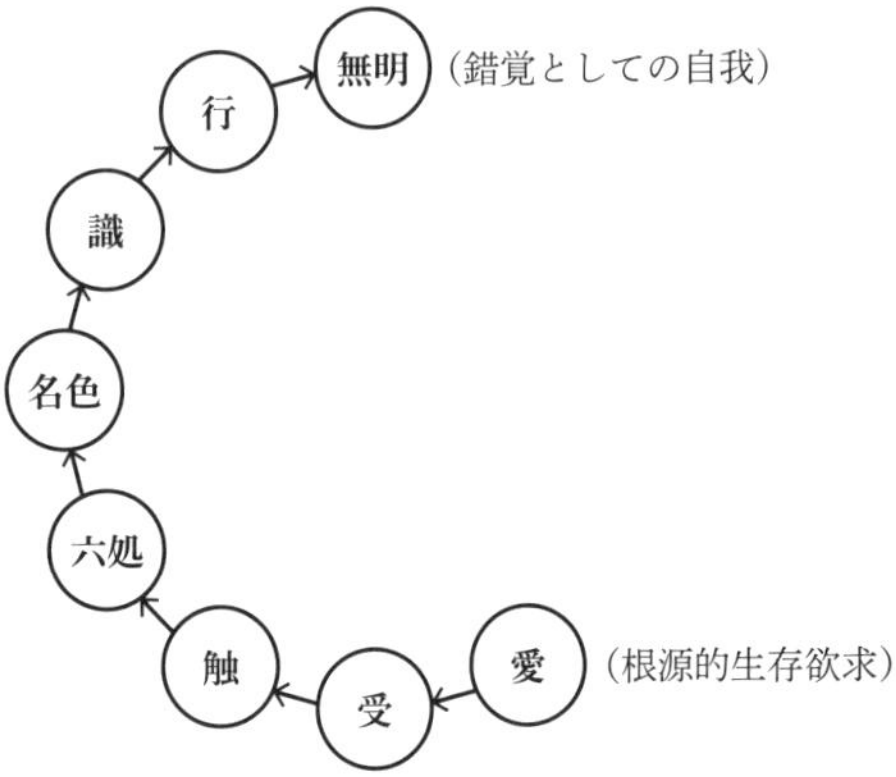

つまり「錯覚としての自我」という意識が、十二支縁起における「無明」を意味しています。

自我（自分）という意識のない段階では、老死、生、有、取の概念（縁起支）は存在しません。

第三章

自我と苦の関係としての十二支縁起

仏教における「苦」の意味合いについて

現代における「苦」のイメージは、苦痛や苦悩というイメージが一般的かと思われます。しかし、仏教における「苦」はもう少し意味合いが異なっているようであります。

一つめは、「不満足」という意味であります。

欲望の充足を求めても常に満たされる訳ではなく、現実にはむしろ不満足に終わることの方が多いのではないでしょうか。たとえ一時的に満たされたとしても、欲望が次から次へと続く限り、どこかで不満足も後をついてくることになります。どんなに好きな食べ物でも、毎日食べ続ければ飽きてきます。

二つめは、「自分の思い通りにならないこと」という意味です。

一般的に人は、自分というものが存在すると思っていますから、欲望の充足も自分というものに関わってきます。けれど欲望の充足には他人も関わってきますので、自分の欲するように物ごとは進まないということであります。また自分の心の中の意識現象にしても絶えず変化していて、自分で思い通りにコントロールすることはできません。どれほど望んだとしても、いつも希望が叶えられる訳ではありません。

十二支縁起の老死苦についてみれば、自分の老いと死は生命としての自然現象であり、自分の思い通りにならないことであります。けれど、どうすることもできないと分かっていても、何とかしたいと苦悩するのが人間というものではないでしょうか。不老不死の薬だとか、クローン人間とか、ロボットの人工知能に意識を移すとか、老化を止める遺伝子治療とか、見当違いなことを考えるのが人間の愚かさでもあります。自分の思い通りにならないからこそ、苦悩するということだと思います。

何とかしたいという欲求は、必ずしも満たされる訳ではなく、どこかの時点で不満足なものとなります。

仏教における「苦」は、自分というものにこだわる限り、「苦」から逃れることができない現実を表したものと思われます。「苦」の認識こそ、自分の置かれた現実に向き合う第一歩なのかもしれません。

十二支縁起の成り立ちについて

十二支縁起は、初めから十二支縁起だった訳ではないようです。自分の老死苦の原因をあれこれ試行錯誤して最終的に無明に行き着いて十二支縁起が完成したということであります。

もともとは過去仏による五支縁起や十支縁起に見られるように、愛（欲望）や識（自他の識別）が苦の原因と考えられたりしたのだと思われます。十二支縁起の前段階としての五支縁起では、愛（欲望）が苦の原因と考えられ、また十支縁起では識が苦の原因と考えられたと思われます。

ここで、十二支縁起の前段階としての十支縁起と五支縁起について考えてみたいと思います。天《あま》野《の》信《しん》氏の『ニカーヤが伝承する十支縁起成道記事の問題点』によれば、ゴータマ・ブッダは、過去仏（ヴィパッシン、シキン、ヴェッサブー、カクサンダ、コーナーガマダ、カッサパ）などによって理論化された十支縁起に、「行」と「無明」を加えることによって十二支縁起を完成させたと考えられます。

つまり、十支縁起に「エピソード記憶」と「錯覚としての我」を付け加えて十二支縁起になったということであります。

十支縁起や五支縁起には、「無明」つまり「錯覚としての我」は出てきません。「我」の存在そのものがすでに前提とされていたからであります。仏教は「無我」を説きましたが、それ以前はバラモン教のウパニシャッド哲学において「我」の存在が前提としてありました。ですから、過去仏による五支縁起や十支縁起は、「我」の存在が前提とされている縁起理論であります。

初めは、人間の苦しみの繰り返し（円環、流転）を説明するために考え出された理論だったと思われます。

最終的に十二支縁起となることによって、人の心理的苦しみに対する構造分析理論になったと考えられます。

死苦の考察から始まった五支縁起

まず五支縁起ですが、従来の五支縁起の説明では、その流れは、愛、取、有、生、老死の順に流れていきます。愛（欲望）から最終的に老死苦に至る流れとなっています。しかし、この流れでは、老死苦が再び愛（欲望）の原因となることを上手く説明できません。

もうすでにお分かりと思いますが、僕の考える五支縁起の流れは逆であります。

愛、老死、生、有、取の順で流れ、また愛、老死、生、有、取と続いていく流れであります。

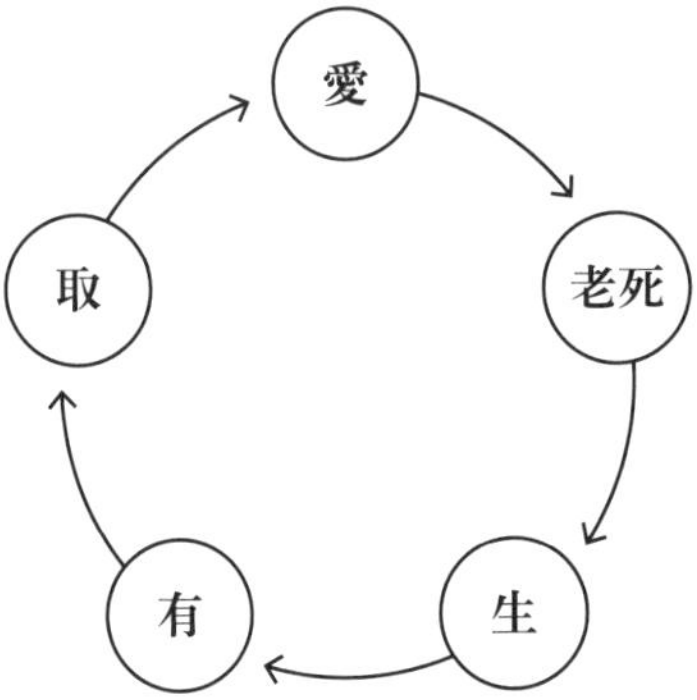

逆の流れではありますが、自分の生存欲を原因とする苦の円環を示すことができます。

五支縁起は、初めから「自我」の存在が前提とされている関係性であります。

愛は「欲望」を意味し、食欲、性欲、それらを代償する欲望、自分の生存に対する欲望、生きたいという欲望を意味します。

老死は「老死苦」のこと、自分の老いと死は自分の生存欲を満たしてくれないもの、つまり苦なるものとなり、愛から直接導かれる関係であります。

生は「生苦」のこと、老死苦に条件づけられた自分の生は苦を意味します。

有は「存在のあり方」を意味し、自分はどう生きるかという苦悩を伴います。

取は「執着」のこと、自分の生存に対する執着のことです。

そして、自分の生存に対する執着が再び自分の生存に対する欲望を刺激します。

この流れを裏づけるものとして、「サンユッタ・ニカーヤ　12、56」の取着があります。取着は、五支縁起の説明となっているのですが、その冒頭に「取着するものを味わいながら観ていると、その人は愛着の念がいやましてくる」とあります。ここだけの説明によれば、取から愛への流れと見ることができます。

その後の説明は、なぜか逆の流れ、従来の流れの説明となっていて一貫性が無いのですが、五支縁起からすでに間違った理解がされたものと思われます。

五支縁起は、もともとは自分の死苦の考察から始まったものと思われます。

見方を変えると、むしろ自分の老死苦が原因となって愛（自分の生存への欲望）が起こる理論と見ることもできます。つまり、我の存在を前提とした老死苦が愛（欲望）を繰り返し募らせて、際限の無い欲望を生み出してしまう可能性を示しています。「人は、死を恐れるがゆえに、際限のない欲望を抱いてしまう」といえます。死の恐怖がある限り人間の欲望が尽きないことを物語っています。

五支縁起は、すでにあるとされる自我の存在を前提にした苦の心理的な関係性を示しています。現代的には、自我心理学から成立した関係性ととらえることができると思われます。

五支縁起の成立過程（仮説）

ウパニシャッド哲学では、アートマン（我）というものを仮定して、我の存在を前提とした「生まれ」と「死」が繰り返される生死輪廻の思想がありました。

そして、前提となる我の生まれと、それに伴う死（苦）の原因追究が始まったと考えられます。

「我」は、現代的には「自我」または「自己」に相当します。

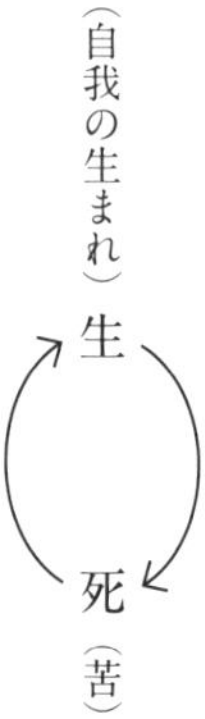

現実の死のあり方を観察すると、自分の死の前に自分の老衰というプロセスがあり、「老いる」ということは「生まれ」というよりは、むしろ生きるプロセスから成り立つ現象であります。

生きるという行為を考えると、自分の「生まれ」は死（苦）の直接原因ではなくなり、「生」は「生きるという行為」の「生まれ」を意味するようになったと考えられます。

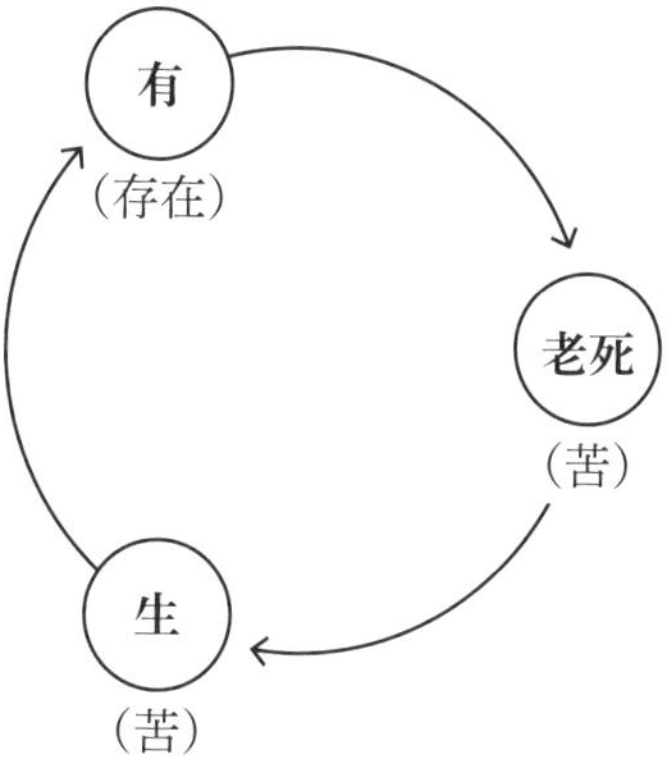

『生まれたものどもは、死をのがれる道がない。老いに達しては、死ぬ。実に、生あるものどもの定めは、このとおりである。』

（スッタニパータ　５７５）

ここでは、「生まれ」と「死苦」の関係、「生きるという行為」と「老死苦」の関係が語られています。また、生きるということは老いの苦しみの一部でもあり、「生」も苦としてとらえられるようになったと考えられます。

スッタニパータ（１０４５～１０４８、１０５２、１０５６）に、「生と老衰を乗り越える、生と老衰という苦を捨てる」という表現が見られます。

生と老衰が同じ生きる行為のプロセスとしてとらえられ、苦と表現されたものと思われます。

生きるという行為が苦となったことで、次にどう生きるかという「存在のあり方」（有）が問われるようになっ

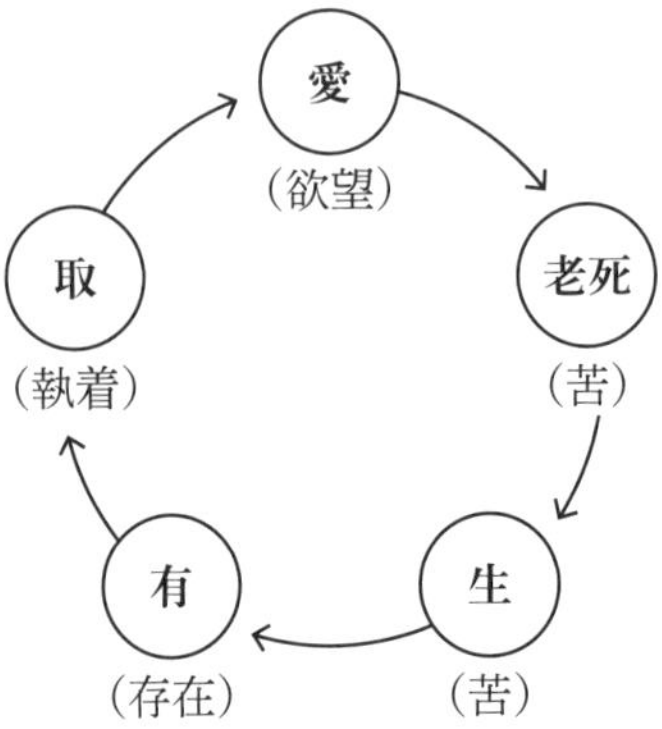

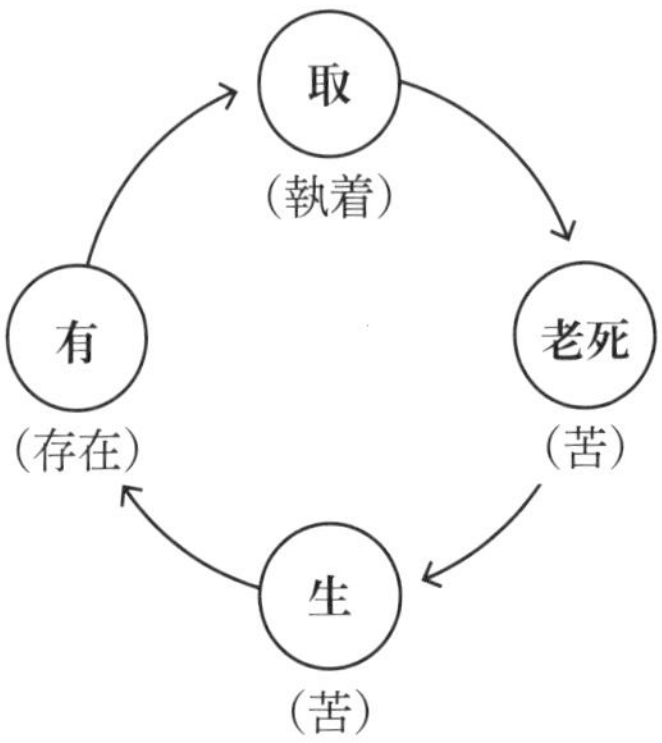

たと思われます。

そして、生きて存在するということ、つまり「有」の「生まれ」が、老死（苦）の原因と考えられるようになったと思われます。

さらに、自分が生存することも苦ととらえられるようになり、自分の生存に対する執着（取）が生まれてきたと考えられます。

そして、自分の生存への執着、「取」が「生まれること」によって老死（苦）が起こると考えられるようになったと思われます。

また、自分の生存に執着することで、自分の将来における不安と期待が取り込まれ、自分の生存に対する過剰な欲望（愛）が生まれ、過剰な生存欲が生まれることで老死（苦）が起こると考えられるようになったと思われます。つまり、「愛」の「生まれ」が、老死（苦）の直接

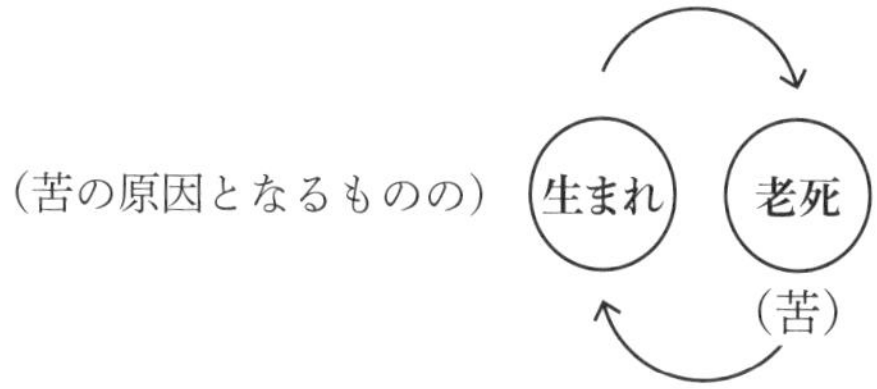

原因と考えられるようになりました。

この流れは、五支縁起の内容であります。これらの縁起の関係性をよく見ると、五支縁起は、自分の老死（苦）の繰り返しを示しているだけでなく、自分の欲望、「愛」の繰り返しも示していることが分かります。

つまり、老死（苦）が繰り返されることで、欲望も繰り返されることに気づきます。老死（苦）と欲望（愛）の悪循環が形成されることが分かります。

同様の死苦の原因追究は、三支縁起として「五蘊」が取り込まれ、十支縁起へと至ったと考えられます。

その十支縁起では、「識」が「生まれること」によって老死（苦）が起こると理解されます。

さらに、ゴータマ・ブッダが三明知よって認識した十二支縁起では、錯覚としての自我である「無明」が「生まれること」によって老死（苦）が起こると理解されたものと思われます。

初期仏教経典の中で語られる「生まれること」という言葉の意味は、死苦の原因追究が進むにつれ、その対象となるものは次々と更新されていったものと考えられます。

最終的に「無明」が死苦の根源的な原因であることが、ゴータマ・ブッダによって明らかにされたということであります。

「生まれることによって、老死がある」という十二支縁起の始まりの言葉は、「（苦の原因となるものが）生まれることによって、老死がある」ということを意味していたと考えられます。

三支縁起は自分へのこだわりから生まれた

三支縁起は、縁起の中でも特異な縁起となっています。

五支縁起は、自我（自分）の存在があらかじめ前提とされる縁起、自分という存在へのこだわりによって欲望から苦が起こり、それが繰り返される縁起でありました。

三支縁起は、その「自分へのこだわり」、あって当たり前の「自分という対象」を五支縁起に取り込もうと試みた縁起理論と思われます。

一般的に欲はいつも満たされるとは限らないことから、自分の思い通りにならないものであります。つまり苦となります。それゆえ、欲は苦の原因となります。けれど生存欲から死苦へとつながるためには、他人の死ではない、自分の死というこだわりが必要です。つまりは、「自分というこだわり」が必要なのです。

欲から「自分へのこだわり」が起こり、死苦へとつながる流れが三支縁起の意味するところであります。

この「自分へのこだわり」の形成は、初期仏教では、「upadhi」（ウパディ）という言葉によって示されてきました。

愛――（ウパディ）――苦

という関係であります。

宮本正尊《みやもとしょうそん》氏の論文『縁起説の一考察（upadhiをめぐって）』と唐井隆徳氏の論文『三支縁起説の成立（upadhiの用例を通して）』によれば、「upadhi」には主に、「執着対象」という意味と、「所有」という意味があるそうです。

「執着対象」とは、五取蘊（upadanaskandha執着の集まり）というように、「五蘊へのこだわり」を意味しています。「所有」は、「五蘊の所有」という意味と考えられます。

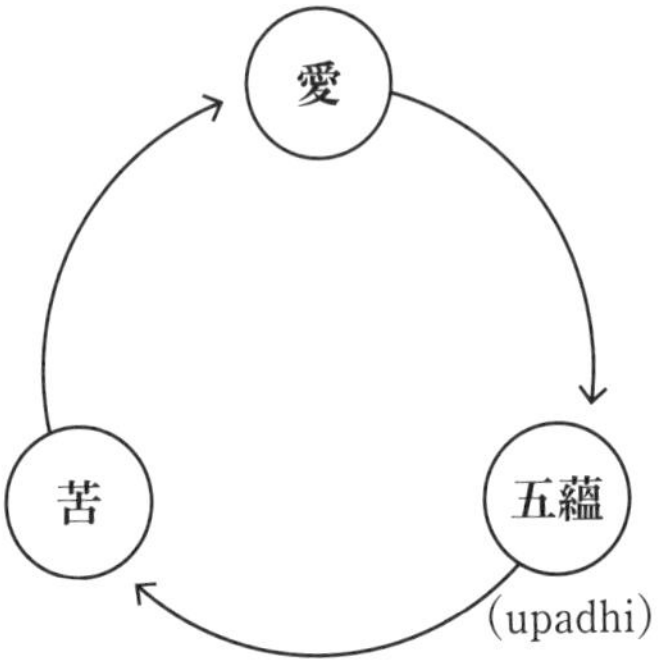

こちらも自分の身体、自分の感情、自分のイメージ、自分の行為の記憶、自分の識別という、色・受・想・行・識からなる「五蘊の所有」、つまり「五蘊へのこだわり」を意味します。すると、

愛—（ウパディ）—苦

という関係は、後にupadhi（ウパディ）が五蘊を意味するようになってからは、

愛—五蘊—苦

という関係へと導かれます。

根源的生存欲求（食欲）から始まって「五蘊への執着」により「自我」が生まれ、それによって「自分の死苦」が生起します。

『愛を増長するものは、upadhi（五蘊）を増長するものである。
upadhi（五蘊）を増長するものは苦を増長するものである。』

（サンユッタ・ニカーヤ　12－66　触）

五蘊は（色、受、想、行、識）から成りますが、このままの形で縁起に取り込まれてはいません。五蘊の「想」（自分のイメージ）に相当するものは、他人との相互作用によって作られるものであり、（触、六処、名色）へと形を変えて十二支縁起に取り込まれています。

十二支縁起において、五蘊に相当するものは（受、触、六処、名色、識、行）であります。現実には、この六つのステップを経て五蘊として取り込まれるということだと思われます。

この流れは、十二支縁起における無明（錯覚としての自我、迷いの生存）の形成プロセスを示していると考えられます。

また、宮元啓一《みやもとけいいち》氏の『インド人の考えたこと』によると、upadhiには、虚空性という意味もあるようです。どうやら自我を構成する五蘊の空虚《からっぽ》さを、当初は意味していた言葉なのかもしれません。

自我を形成する五蘊《ごうん》

「迷いの生存」は、「生存の素因」（upadhi）とも呼ばれ、経験的な自我（自分）を構成する五つの要素、すなわち五蘊のことを意味しています。経験的な我を構成する五蘊は、色、受、想、行、識の各要素から成ります。

五蘊の各要素は、五支縁起から十支縁起、十二支縁起が形成される過程で、直接的、間接的に取り込まれているのが見て取れます。十二支縁起との関係では、受、触、六処、名色、識、行に関わります。

五蘊の色は、身体についての心理的要素のこと。

色は、触（自分の身体による対象への接触）、六処（自分の身体の感覚）と名色（自分の身体の名づけ）に関わっています。

受は、そのまま受（自分自身の快、不快の感情）に関わります。

想は自己イメージであり、六処（自分の身体感覚、自己感覚）と名色（自分の身体の名づけ）に関わっています。

識は、そのまま識（自分の識別）に関わっています。

行は、そのまま行（自分の行為の記憶）に関わっています。

ここで五蘊と現代の心理学的な自己知識との関係を比較してみたいと思います。

五蘊は、経験的な自我（自分）を構成する五つの要素のことです。

色は、自分の身体に関わる要素から成ります。

受は、自分の感情に関わる要素から成ります。

想は、自分のイメージに関わる要素から成ります。
行は、自分の行為の記憶に関わる要素から成ります。
識は、自分の識別、認識に関わる要素から成ります。

心理学者のナイサーは、自分自身について情報を得る仕方には、五つの基本的な仕方があると言います。そして、自己知識（自己知覚）の五つの要素を挙げています。

生態学的自己：環境を知覚すると同時に、自分自身を知覚する要素
対人的自己：他者との相互行為を通して、自分自身を知覚する要素
概念的自己：自分自身を思考の対象として表象的にとらえる要素
記憶された自己：自己意識を形成し、自伝的な物語を作り上げる要素
私的自己：自分だけに認識された自己の要素、私的な自己認識
五蘊とナイサーの自己知識を比較すると、類似した関係が見受けられます。

色は、生態学的自己
受は、対人的自己
想は、概念的自己

行は、記憶された自己
識は、私的自己
に相当するように思われます。

五蘊は、自我（自分）を構成する五つの要素であります。

五蘊と「自我の再生」（再び生まれること）との関係は、「サンユッタ・ニカーヤ　22－95　泡沫」の中で、次のように語られます。

『よく教えを聞く聖なる弟子は、色に関して離れ、受について離れ、想について離れ、行についても離れ、識についても離れる。
離れたものは、貪欲を離れて解脱する。解脱するとき、わたしは解脱した、という知識が生ずる。
〈生まれること〉は尽きた、清らかな行いは成就された。なすべきことをなし終えた。もはやこのような生《うまれ》を繰り返すことはないと知るのである。』

つまり、五蘊の各要素への執着を離れたものは、自我として「生まれること」が尽き、自我が再び「生まれること」もないということを語っているものと思われます。

『五取蘊の生起と滅尽と、味わいと禍《わざわ》いと、および出離を知って解脱したものを阿羅漢という。』（サンユッタ・ニカーヤ　23－8　阿羅漢）

凡夫による意訳を示します。

「五蘊への執着が生まれたり消滅したりすることを知り、五蘊への執着の肯定的、否定的な意味を知り、五蘊への執着から離れることを知って解脱した修行者のことを阿羅漢《あらかん》と呼びます。」

五蘊は自我を形成する五つの要素でありますが、現実の社会生活においては、十二支縁起で示されるように、受、触、六処、名色、識、行の六つのステップによって形成されます。この六つのステップによって、錯覚としての自我（無明）が形成されることになります。

その錯覚としての自我に気づいて、無我を知り、自我のこだわりを離れることが悟りの第一歩のようであります。

十支縁起の成り立ちについて

十支縁起は、自我の存在を前提とする五支縁起に、三支縁起の執着対象としての五蘊が形を変えて（受、触、六処、名色、識）付け加えられた形になっています。

なぜか「行」（行為の記憶）だけが抜けてはいますが……。

すでに十二支縁起の説明で述べたように、受から触、六処、名色、識までは、自分の生存欲を満たすために他人との相互作用により自他の識別が形成される過程を示しています。

ヤージュニャヴァルキア師は、「人は、ただ欲望より成る。人はその欲望のあるがままに従って意向を起こす。意向のあるがままに、それに従って行為をなす。いかなる行為をなすとも、人はその果を得る」と言います。

ここでの意向は、「心が向かう方向」という意味合いがあります。欲望がもととなっていますから、欲望を叶えようと「意欲すること」と取ります。

さらに言い換えれば、欲を満たそうとする、満足を求める、快を志向する。という意味であり、十二支縁起で言えば、「受」を求めることに相当します。

「欲望のあるがままに従って意向を起こす」ということは、十二支縁起の「愛」から「受」への流れを意味します。

さらに「意向に従って行為をなす」とあります。この行為は、快を求める行為のことであります。欲望を満たすために欲望の対象となる人に接触し、身体の感覚でもって対象を知覚し、対象となる人に呼びかけることによって、快を満たそうとする一連の行為です。

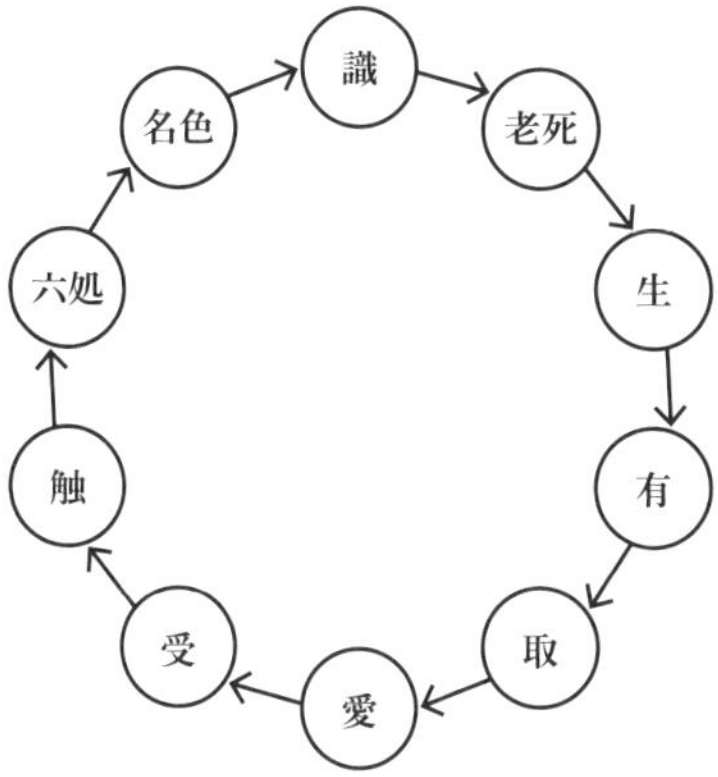

そのときの相手との相互行為（互いを知覚し、互いの名前を呼び語り合うこと）によってお互いの識別が形成されます。十二支縁起で見れば、触、六処、名色、識という流れが形成されます。

仏教用語で言えば、
六処は、六根《ろっこん》、身体の感覚器官に相当し、
名色は、六境《ろっきょう》、感覚の対象に相当し、
識は、六識《ろくしき》、対象の認識に相当するかと思われます。

十支縁起は、五支縁起の始まりの「愛」と「老死」の間に、愛（欲望）から始まる行為（自我が形成される行為）が追加されているということであります。

つまり、愛、（受、触、六処、名色、識、）老死、生、有、取の十支縁起の流れが形成されます。これらを並べ替えると識から始まる十支縁起になります。

識、老死、生、有、取、愛、受、触、六処、名色の流れであります。

十支縁起では「識」が「老死苦」の原因となります。

自分を識別すること「識」が、経験的な「我」（自分）を認識させ、「我」（自分）が存在すると思うようになります。

また十支縁起では、「名色」と「識」との相互依存関係が指摘されていますが、それは、自分と相手との「名色」と「識」との相互関係を示していると考えられます。

つまり、自分が相手の名を呼ぶこと（名色）で相手の認識（識）をし、相手が自分の名を呼ぶこと（名色）で自分の認識（識）が生まれるということであります。

この相互作用によって自他の識別が形成されます。

自他の識別により、「我」（自分）という自己意識が形成されますが、ウパニシャッド哲学においては「我」の存在はすでに前提とされていますから、十支縁起においては識（我の認識）が老死苦の原因と考えられたものと思われます。

縁起と縁生の法

「サンユッタ・ニカーヤ　12、20　縁」において、ゴータマ・ブッダは「縁起」と「縁生の法」について語ります。

従来の訳では理解しづらいので、ここでは意訳して説明することにします。

「比丘たちよ、私は、お前たちに、縁起（心の中の概念は、原因とその関係性によって起こること）と、縁生の法（心の中の縁起によって生じたものの性質）について説こう。」
「比丘たちよ、どのようなものが、縁起であるのか。」
「比丘たちよ、（無明が）生まれることによって老死苦がある。このことは、如来（ゴータマ・ブッダ）が世に出る、出ないにかかわらず定まっていることである。これらの認識の要素は、概念として定まり確立している。これに縁るということは、法則として決定している。」

（この後、従来の十二支縁起の理法が順に語られます。）

「それでは比丘たちよ、どのようなものが縁生の法であるか。」

（続いて従来の十二支縁起の各支の概念についても、それぞれ次のように）

「無常であり、作られたものであり、縁によって生じたものであり、尽きてしまう性質のものであり、衰滅する性質のものであり、欲を離れる性質のものであり、消滅する性質のものである。これが縁生の法である。」

と語られます。

これを短くまとめると、縁生の法は、「心の中に縁によって生じたものは、消滅する性質がある」といえます。

これは、ゴータマ・ブッダが初めて五人の修行者に説法したとき、その中の一人であるコンダンニャが悟ったとされる「法の眼」の内容であります。

このことは、「心にあったものが空っぽになる」ということを意味しているので、後にナガールジュナ（龍樹）によって「空性」と呼ばれることになります。

そして、「空っぽの心の状態」を意味する言葉が「空」であります。

さらに、「縁起」と「縁生の法」とを正しく知ると、

「自分は、過去に存在したのだろうか。

自分は、未来に存在するのだろうか。

自分は、現在存在していると言えるのだろうか」

という疑問が浮かんでくるといいます。

「しかし、このこと（自分はどこから来て、またどこへ行くのかという存在のあり方）は、知ることはできない」

と語られます。

ここでは、「自分」というもの（概念）は、心に生まれては、すぐに消えてしまうものだから、「自分」というものは実在するものではない。つまり、「無我であるから、我（自分）のあり方を知ることはできない」というのがその理由と思われます。

ある程度の年齢になると、多くの人が抱くと思われる、

「自分はどこから来て、どこへ行くのか」

という問いは、

「自分」というものが存在すると錯覚していることからくる擬似問題であり、答えがそもそも存在しない問いであるということです。

三相《さんそう》という体験知

「無我」という知恵の獲得によって、「我」というものが錯覚だと気づかない限り、十支縁起から十二支縁起へ至るための「行」と「無明」の必要性には気づきません。

ゴータマ・ブッダは、八正道《はっしょうどう》の瞑想修行により、体験的に得られる三つの知恵、すなわち、

（一）諸行無常《しょぎょうむじょう》

（二）一切行苦《いっさいぎょうく》

（三）諸法無我《しょほうむが》

を体得することで、「無我」という知恵を得ることができました。

『もろもろの道のうちでは、八正道が最もすぐれている。』

（ダンマパダ　273）

『一切の形成されたものは、無常である（諸行無常）と明らかな知恵をもって観るときに、人は苦しみから遠ざかり離れる。これこそが清らかになる道である。』

『一切の形成されたものは苦しみである（一切行苦）と明らかな知恵をもって観るときに、人は苦しみから遠ざかり離れる。これこそが清らかになる道である。』

『一切の事物は、我ならざるものである（諸法無我）と明らかな知恵をもって観るときに、人は苦しみから遠ざかり離れる。これこそが清らかになる道である。』

（ダンマパダ　277、278、279）

これら三つの知恵の獲得は、仏道（仏陀になる道）である八正道の修行道を成就して得られるものであります。この三つの知恵は、八正道の修行において意識される五蘊の各要素が、無常・苦・無我という三つの異なるあり方を表していることからパーリ語で三相（tilakkhana）と呼ばれます。

諸行無常とは、五蘊の各要素から形成される意識現象は、生じたり滅したりして、絶えず変化しているという気づきを示しています。

一切行苦とは、五蘊の各要素から形成される意識現象は、自分の思い通りにコントロールできないという気づきを示しています。意味としては、諸行無常に近い意味合いと思われます。

諸法無我（非我）とは、自我を構成する五蘊の各要素（概念）は、心の中にあるとされる常住不変の我というものではないという気づきを示しています。それは同時に、心の中のどこを探しても常住不変の我（アートマン）というものは無いという気づきでもあります。

『アッギヴェッサナよ、私はこのように弟子たちを戒《いまし》め、頻繁に語る。
「比丘たちよ、色は無常、受は無常、想は無常、行は無常、識は無常である。
比丘たちよ、色は無我、受は無我、想は無我、行は無我、識は無我である。
すべての行は無常である。すべての法は無我である。」と』

（マッジマ・ニカーヤ　第35経）

経験的な我を構成する五蘊の各要素は、色、受、想、行、識で示されます。

すべての行（諸行）とは、五蘊の各要素（記憶要素）からなる意識現象のことであり、すべての法（諸法）も五蘊の各要素である概念のことであります。

諸行無常とは、五蘊の各要素からなる意識現象が無常ということであり、諸法無我とは、五蘊の各概念は無我であるということであります。

一切行苦とは、五蘊の各要素からなる意識現象が苦（自分の思い通りにならない）ということであります。

『無常なるものは、苦である。苦であるものは、無我である。無我であるものは、（これは自分のものではない、これは自分ではない、これは自分自身ではない。）と、このようにありのままに正しい知恵によって見るべきである。』

（サンユッタ・ニカーヤ　35、1）

ゴータマ・ブッダは、無我に気づくことによって、それまで自明とされた「我」の存在が疑わしくなったので、代わりに自分の行為の記憶「エピソード記憶」の「行」と「錯覚としての我」を意味する「無明」を十支縁起に加えて、十二支縁起を完成させたと考えられます。

三《さん》明《みょう》説《せつ》と十二支縁起

「行」と「無明」の気づきは、三明説で説明されています。

馬場紀寿氏の『初期仏教』によれば、ゴータマ・ブッダが「三つの明知」を意味する「三明」を得ることで解脱したという伝承があるとされます。

明知とは、意識的に得られる知識のことで、分別知とも呼ばれ、論理的な知識のことをいいます。

第一の明知とは、自らの「過去の生涯を想起する知」（宿命知）のこと
第二の明知とは、生きる者たちの「死と再生の知」（死生知）のこと
第三の明知とは、「煩悩を滅尽する知」（漏尽知《ろじんち》）のこと
とされます。

こちらの三つの明知は、先の知恵（体験知）とは異なります。

先の知恵は、瞑想により無意識的、体験的に得られた知ですが、今度の三つ明知は、意識的思考による考察で得ることのできる知であります。

第一の明知（過去の生涯を想起する知）を現代的に解釈すれば、過去の生涯の想起とは、これまで生きてきた自分の人生（宿命）を振り返ったということになります。「過去の生涯」とは、「自分のエピソード記憶」、「自分の過去の行為の記憶」のことであり、十二支縁起で言えば「行」に相当する知と思われます。

第二の明知（死と再生の知）を現代的に解釈するには、当時の「我」と「業」との関係を知っておく必要があるかと思われます。

ウパニシャッド哲学においては、人が死んだ後、「我」（アートマン）は「業」を引き継いで新たな個体に生まれ変わる（再生する）とされます。

「業」とは、身、口、意からなる一連の行為のことであります。

身とは身体行為、口とは発語行為、意とは思考行為のことです。これらの行為パターンの集まりが「業」であります。

言い換えれば、「業」とは「習慣的な行為のパターン」のことであり、現代的に言えば、「人格」に相当するかと思われます。

魚川《うおかわ》祐司《ゆうじ》氏によると、「業」はインド思想の文脈において、潜在的な力まで含めた行為や作用のことを意味し、私たちの現存在に、無数の行為の反復によって形成された行動と認知のパターン、言わば「癖」をつけているとされます。

ヤージュニャヴァルキア師によれば、我（アートマン）は、人が死んだあと「業」として再生されるとされます。

我は、業のあり方に応じて再生のあり方も変化します。

善因楽果、善行は善行として個体に引き継がれて楽果を生みます。

悪因苦果、悪行は悪行として個体に引き継がれて苦果を生みます。

自業自得ともいわれます。

ウパニシャッド哲学においては「我」は常住不変の実体と仮定されます。

業のあり方に応じて再生のあり方（生きる世界）も変化しますが、我というものが繰り返されることに変わりはないとされます。

ゴータマ・ブッダは、八正道により無我を悟り、心の真実は無我であり、我というのは錯覚にすぎないと気づきました。

けれど、ウパニシャッド哲学においては、我が再生されると考えられています。それはなぜかと疑問に思ったに違いありません。

ゴータマ・ブッダは、「我」と「業」との関係を考察して、経験的な「業としての再生」（行としての再生）を「我の再生」と錯覚するからということに気づきます。

つまり第二の明知、生きる者たちの「死と再生の知」とは、「我」としての人の死と、「行」としての再生（我の再生）についての知であります。過去における自分の諸々の行為の記憶（行）を想起することは、諸行の想起、五蘊の想起に相当し、「行としての再生」、「我の再生」を意味します。

それによって「錯覚としての我」が生まれること、「我というものが存在する」と思い込むことに気づきました。

この「錯覚としての我」は「迷いの生存」とも呼ばれます。「迷いが生まれた存在」、「無知なる存在」という意味であり、ゴータマ・ブッダは、これに「無明」という言葉を当てました。

『自分にひとしい、あるいはひとしくない生まれ、生存をつくり出す諸々の形成力（諸行）

を聖者は捨て去った。』

（ウダーナヴァルガ　26章30）

ここでも凡夫の意訳を示します。「自我の生まれ、無明の生まれ、迷いの生存を作り出す五蘊への執着をゴータマ・ブッダは捨て去った」

行為と自我と十二支縁起

『生きとし生ける者の死生をすべて知り、執着なく、幸せな人、覚った人、彼をわたくしはバラモンと呼ぶ。』

（スッタニパータ　643）

ここでは、三明知の一つ、死生知（死と再生の知）という言葉が見られます。

『前世の生涯を知り、また天上と地獄とを見、生存を滅ぼし尽くすに至った人、彼をわたくしはバラモンと呼ぶ。』

（スッタニパータ　647）

ここでは、三明知の中の宿命知と漏尽知に相当する言葉が見られます。

『三つのヴェーダ（明知）をそなえ、心安らかに、再び世に生まれることのない人は、諸々の識者にとっては、梵天や帝釈とみなされるのである。』

（スッタニパータ　６５６）

ここでは仏教で語られる三明知が、バラモン教のヴェーダに由来する言葉であることが分かります。

「再び世に生まれることのない人」とは、「迷いの生存として再生することのない人」という意味であり、死苦の迷いから解脱した人を意味します。梵天や帝釈とみなされるとは、当時インド人が最も崇敬していた神々に相当することを意味します。

『生まれによってバラモンとなるのではない。行為によってバラモンなのである。』

（スッタニパータ　６５０）

ここでは、当時の輪廻転生思想や階級制度に対する批判が込められていると思われます。

『行為によって農夫となるのである。行為によって職人となるのである。行為によって商人となるのである。行為によってやとい人となるのである。』

『行為によって盗賊ともなり、行為によって武士ともなるのである。行為によって司祭者となり、行為によって王ともなる。』

（スッタニパータ　６５１、６５２）

行為によって役割が決まるということは、自分という者のあり方、アイデンティティー（自我同一性）が確立されるということであります。行為によって、自分という者と役割とが同一化することで、自分という意識（自我）が形成されます。

自分とは、（何々）であるという思い込みが形成されるということであります。あくまでも言葉による思い込み、言葉の錯覚にすぎないといえます。

『賢者はこのようにこの行為を、あるがままに見る。
彼らは縁起を見る者であり、行為（業）とその報いとを熟知している。』

（スッタニパータ　６５３）

「自分の行為をあるがままに観察することによって、十二支縁起の法を理解することができるようになり、十二支縁起の法則を知ることによって行為の意味、行為の結果、つまり行為と自我とが同一化することを知っている」と凡夫は解釈します。

『世の中は行為によって成り立ち、人々は行為によって成り立つ。生きとし生ける者は

業（行為）に束縛されている。』（スッタニパータ　654）

行為に束縛されるとは、自分の行為によって自分というものが規定され、自分のアイデンティティーが決まってくるということであります。

さらに、自分の行為が繰り返され習慣化されることで、行為のパターンである人格が形成されます。行為により人格が形成されることで、善や悪という行為のあり方が問われることになります。

バラモン教の輪廻転生思想においては、自分の死後、我（アートマン）は「業」によって生まれ変わる（輪廻する）とされます。

仏教では、行為の記憶でもある人格形成によって「自我の再生」が繰り返されると理解されました。

『人は身体によって、言葉によって、心によってなす。実に、その行為は彼にとって自己のものとなり、それを取り込んで（来世）におもむく。』（サンユッタ・ニカーヤ　3、2－10）

以下に凡夫の解釈を示します。

「人は身体、言葉、思考によって行為し、その行為は我（自己）となり、その行為を取り込んで我として再生する」

これを十二支縁起の法に当てはめると、行（行為の記憶）により無明（自我）が生まれたり、再生されたりするということであります。このことは、三明知の宿命知（行）と死生知（無明）に相当します。それまでの十支縁起に「行」と「無明」が追加されることで、自我を取り込んだ苦の円環、十二支縁起の法輪が完成します。それは同時に、死苦が無明から生まれることを意味しています。

第三の明知の漏尽知は、「煩悩の滅尽」に関わる知であります。

第一と第二の明知は、「行」と「無明」に関わる明知ととれば、それまでの十支縁起に十一支と十二支が加わって十二支縁起が完成することになります。

完成された十二支縁起を認識し、八正道の実践で無我を悟れば、「錯覚としての我」無明を滅し、老死苦、生苦を滅し、取（我執）を滅し、愛（我欲）を滅し、我欲の不満足からくる怒りの感情を滅尽することができると気づきます。

つまり、十二支縁起で示される「すべての煩悩を滅尽すること」が理論的に可能になると理解することができます。

これが、十二支縁起で示される苦の流転（輪廻）からの解放、「解脱」を意味するものと思われます。

「十二支縁起の法」における「無明」と「解脱」の関係は、スッタニパータにも語られています。

『愛欲と憂いとの両者を捨て去ること、沈んだ気持ちを除くこと、悔恨をやめること、平静な心がまえとおもいの清らかさ、（それらは法に関する思索にもとづいて起こるものであるが）これが、無明を破ること、正しい理解による解脱であると、わたくしは説く。』

（スッタニパータ　1106、1107）

つまり、これら三つの明知（論理的な知）のプロセスによって、「解脱」が得られることになります。

さらに、十二支縁起の意識的観察を通して八正道（正念、正定）を実践すれば、十二支縁起の中のすべての煩悩が無くなり、欲望も執着も無く、何ごとにもとらわれることのない心理状態が得られるのだと思われます。

これが、涅槃《ねはん》と呼ばれる心の安らぎ（寂静な心理状態）をもたらす体験知と考えられます。

諸行無常、諸法無我という二つの（体験的心理プロセス）に、涅槃寂静《ねはんじゃくじょう》の（体験的心理プロセス）を追加して、仏道のプロセス、三つの「体験的心理プロセス」が示されます。

（一）　諸行無常

（二）　諸法無我
（三）　涅槃寂静
それは、一般に三法印《さんぽういん》と呼ばれています。

五支縁起と三支縁起の対称性について

「サンユッタ・ニカーヤ　12、56　取著《しゅちゃく》」は、一般に五支縁起について語られたものとされます。しかし、その中に「取著するものを味わいながら観ていると、その人には愛着の念がいやましてくる」とあります。

「サンユッタ・ニカーヤ　22、26　味わい」には、五蘊の味わいとは、五蘊によって生ずる楽しみや喜びのことことありますので、取著するものとは、五蘊のことを意味していると考えられます。

すると、「五蘊を味わいながら観ていると、五蘊への愛着の念（五取蘊）が起こる」と解釈できます。続く言葉は、「愛によって取がある。……」と始まり、なぜか従来の五支縁起が語られます。

続いて、「焚火《たきび》に薪（たきぎ、まき）を投じると、久しく燃え続ける」という比喩が語られます。

馬場紀寿氏の『初期仏教』には、「執着は燃料を意味し、要素（蘊）は木の枝を意味し、五取蘊は『五本の薪』を暗に指す。」とあります。

ここでの薪は五取蘊の比喩であり、薪を投じることは五蘊への執着を意味し、焚火は煩悩の比喩と考えられます。

つまり、焚火に薪を投じるたとえは「煩悩は、五蘊に執着することによって長く続く」と解釈できます。「五蘊に執着すると、煩悩が増して、煩悩が持続する」という意味であります。

さらに、「執着するところのものを、これはいけないぞと観ていると、その人には愛着の念が滅する」とあり、五蘊を批判的に見ると五取蘊が滅じると解釈できます。

続いて「焚火に薪を投じなければ、焚火もやがて消えてしまう」という比喩が語られます。つまり「五蘊の執着を減らせば、煩悩もやがて消える」と理解することができます。

渇愛（欲望）から五蘊（upadhi）そして苦（老死・生）への流れは、十二支縁起の流れであります。その流れを見ると、途中に「無明」が追加されていますが、愛―（受―触―六処―名色―識―行）―（無明）―老死苦―生苦の流れとなり、愛から受の流れによって：欲望の満足からくる喜びへの執着欲：貪欲《とんよく》が生まれ、欲望の不満足からくる嫌悪感への執着欲：瞋恚《しんに》が生まれ、また、無明という迷いへの執着欲：愚痴《ぐち》が生まれ、貪瞋痴《とんじんち》という「煩悩の三毒」の流れが見てとれます。

魚川祐司氏の『仏教思想のゼロポイント』によれば、「貪欲」は、好ましい対象に執着する

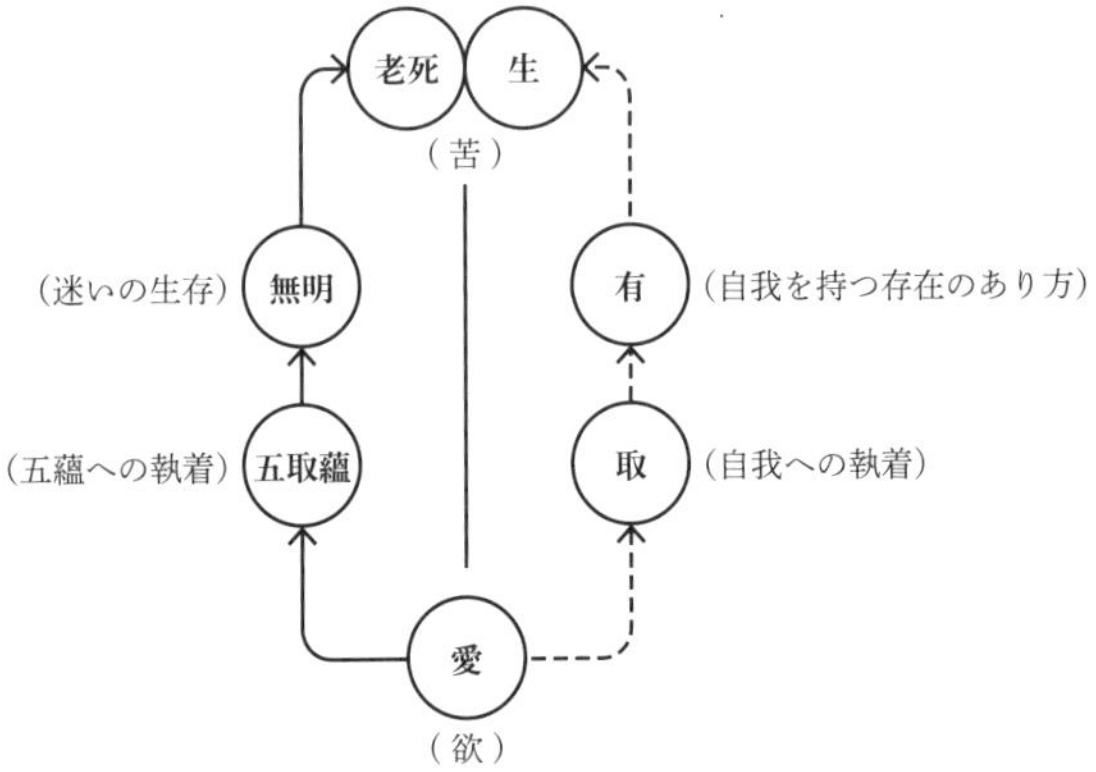

心のこと。「瞋恚」は、好ましくない対象を嫌悪する心のこと。「愚痴」は、根源的な無知であり、物ごとをありのままに知見できないこととされます。

「貪欲」は快となる渇愛への執着に相当し、「愚痴」は無明への執着に相当します。また「瞋恚」という嫌悪感への執着は、嫌いな他人や嫌いな自分に対して他者否定感や自己否定感を生じ、他者や自己を傷つけようとする悪行を生み出すもととなります。これらの三毒も「律蔵《りつぞう》、大品《だいほん》」において、火の比喩として語られています。

つまり五取蘊（取）の薪によって貪瞋痴の三毒の火が燃え盛ることを意味していると考えることができます。逆に五取蘊（取）の薪を滅すれば、貪瞋痴の煩悩の火を滅することができると気づきます。

まとめると以下のようになります。

五蘊に執着すること（五取蘊）は、貪瞋痴の煩悩を生み出し、苦の原因となります。五蘊への執着をやめると貪瞋痴を滅して、苦を滅することができます。

これらは、すべて三支縁起の流れから導かれます。

「サンユッタ・ニカーヤ　12、56　取著」の「愛によって取がある。……」の「取」は、もともとは「自我への執着」のことではなく、「五蘊への執着」のことを意味していたと思われます。

つまり、ここの内容は、本来は三支縁起の説明であったと考えられます。それが従来の五支縁起の愛から取への流れによって五支縁起の説と誤解されたのではないでしょうか。

取（執着）には、自我を形成する「五蘊への執着」（五取蘊）と、形成された「自我への執着」（我執）という二つの意味があるということであります。

十二支縁起における愛と老死・生を縦軸にしたとき、三支縁起の流れと従来の五支縁起の流れは左右対称の関係にあります。

三支縁起の解説が、五支縁起の解説と誤る可能性があるかと思われます。

初期経典に見る執着と生存と苦の関係

『およそ苦しみが生ずるのは、すべて執着によって起こるのである。』

『執着によって生存が起こる。生存せる者は苦しみを受ける。生まれた者は死ぬ。これが苦しみの起こる原因である。』
『それゆえに諸々の賢者は、執着が消滅するがゆえに、正しく知って、生まれの消滅したことを熟知して、再び迷いの生存に戻ることがない。』

（スッタニパータ　741～743）

ここに凡夫による意訳を示します。

「およそ苦しみが生まれるのは、すべて五蘊への執着によって起こります」
「五蘊への執着によって、迷いの生存（自我、無明）が起こります。迷いの生存（自我、無明）が生まれた者は、死苦を受けます。これが苦しみの起こる原因であります」
「それゆえに賢者は、五蘊への執着を滅し、正しい知恵によって、迷いの生存が消滅したことを理解して、再び迷いの生存に戻ることがありません」

以下に唐井隆徳氏の『初期経典における縁起説の展開』からの抜粋を示します。

『所有物（upadhi）に縛られた愚か者は、闇におおわれている。（彼には所有物が）常住なように思える。正しく見ている者には何ものも存在しない。』

（ウダーナ　7、10）

凡夫の解釈を示します（upadhiを五蘊と解釈して）。
「五蘊にとらわれた者は、無明に覆われている。彼には五蘊が我であると思える。正しく見ている者にとっては、（五蘊は）無我である」

『彼は、色（受、想、行、識）に近づき、執着し、「私の我である」と確立する。』
（サンユッタ・ニカーヤ　22、85）

凡夫の解釈では、「彼は、五蘊を意識し、執着して、自分の我であると思い込む」となります。

『所有（upadhi）によって、この苦が生じる。一切の執着（upadana）の滅尽により、苦の生起はない。』
（ウダーナ　3、10）

凡夫の解釈では、「五蘊によって苦が生じる。五蘊への執着を無くすことにより、苦の生起はない」となります。

ここで語られる内容は、五蘊への執着から迷いの生存（自我、無明）が生まれ、迷いの生存が生まれることによって、死苦が起こるという流れになっています。

ここでの執着は、自我の構成要素である五蘊への執着（五取蘊）を意味します。

五蘊への執着が迷いの生存（自我）を生み出し、迷いの生存が「生まれること」によって死苦が起こることが語られています。

五蘊への執着―迷いの生存（自我）の生まれ―死苦への流れであります。

これは、三支縁起の流れの説明であります。

けれど、従来の解釈では、取―有―生―死苦の流れ、従来の五支縁起の流れと理解されてきたところです。

五支縁起における取（執着）は、自我の存在を前提としたものであり、「自我という存在」への執着（我執）を意味します。

つまり、「五蘊への執着」から迷いの生存が生まれ、そして死苦へと続く流れ、いわゆる三支縁起の流れを、「自我への執着」を前提とする従来の五支縁起の流れ（取―有―生―老死の流れ）と誤解することによって、従来の十二支縁起の流れの解釈になったと考えられます。

サンサーラと十二支縁起

サンサーラという言葉は、一般に輪廻《りんね》と訳されます。

車輪が回るように、同じところをグルグル回ることを意味しています。

しかし、バラモン教と仏教においては、輪廻の意味が異なっています。

バラモン教のウパニシャッド哲学においては、人の身体とは別に、人の心の中にアートマン（我）という実体を仮定して、その「実体としての我」を通して人の生まれ変わりが繰り返されるという「輪廻転生《りんねてんしょう》」のことを意味しています。

日本語で言う「霊魂」の生まれ変わりと同じ意味合いかと思われます。

しかし、仏教においては、「実体としての我」は仮定されません。

代わりに、五蘊という経験的に得られる「自我」（自己意識）を対置します。

バラモン教と仏教では、我の定義が異なっているということであります。

仏教におけるサンサーラは、「自我」につきまとわれながら身体行為が繰り返されることを意味します。つまり自我という「迷いの生存」が繰り返し再生され、十二支縁起で示される「迷いの世界」を流転することを意味しています。

経験的に得られる自我は、「諸法無我」という体験知によって、自我は錯覚であると気づくことができます。「錯覚としての自我」は、「迷いの生存」とも「無知なる生存」とも呼ばれます。自我が錯覚であると気づかない限り、迷いは繰り返し生まれることになります。

また仏教におけるサンサーラは、「迷いの世界」という意味でも使われます。つまり、サンサーラは、「迷いの生存」としての意識状態が繰り返されること、「迷いの生存」としての「意識の更新」を意味しているのです。

魚川祐司氏によればサンサーラとは、「行為の作用とその結果、すなわち業《ごう》による現象の継起のプロセスが生起し続けているもの」とされます。

つまりサンサーラとは、「行為の作用とその結果を含む自分の記憶をもとにした意識的現象が継起し、繰り返されること」「自己意識の繰り返し」、つまり自我の再生と、それによる苦の円環のことを意味しています。

人の苦なる意識現象の継起は、十二支縁起として示されてきました。

仏教におけるサンサーラとは、この十二支縁起によって示される苦なる意識現象のプロセスそのものを意味しています。そして仏教の本質は、この苦なる意識現象の継起である十二支縁起の円環（サンサーラ）から解脱することにあります。

輪廻転生思想から十二支縁起の法輪へ

『論争を楽しみ、迷妄の性質に覆われている修行僧は、目覚めた人の説きたもうた理法を、説明されても理解しない。

かれは無明にいざなわれて、修養を積んだ他の人を苦しめ悩まし、煩悩が地獄におもむく道であることを知らない。

実にこのような修行僧は、苦難の場所におちいり、母胎から他の母胎へと生まれかわり、

暗黒から暗黒へとおもむく。死後には苦しみを受ける。』（スッタニパータ　276〜278）

再び凡夫による意訳を示します。

「論争を楽しみ、迷い（錯覚としての自我）におおわれている修行僧は、ゴータマ・ブッダの説いた十二支縁起の法を、説明されても理解することができません。

彼は無明にさそわれて、他の修行僧を苦悩させます。煩悩が死苦へと通じる道であることを知らないからであります。

実にこのような修行僧は、迷いの中におちいり、輪廻し、無明から無明へとさまよい、死苦から抜け出ることができません」

ここで語られていることには、当時のバラモン教における輪廻転生思想を解釈し直して、十二支縁起の法へと転換する流れが示されていると思われます。

バラモン教の輪廻転生は、仏教における十二支縁起では無明から無明へと円環する流れとして示されます。輪廻転生は生死輪廻ともいわれ、生まれと死を繰り返すとされます。仏教では、「生まれることによって老死がある」と説明される十二支縁起の始まりのことを生死《しょうじ》といい、迷いの原点とされます。

また、自我にとらわれている修行僧は、十二支縁起の法を理解することが困難であるとも語られています。

ゴータマ・ブッダ自身が、「諸法無我」を悟ることによって十二支縁起の法則に気づくことができたように、自ら無我を体得しなければ十二支縁起の法則を理解することはできないのかもしれません。

現代でも、「自我」（私や自分）というものは、錯覚であると理解できず、「私」や「自分」は存在するものと思っている人は多いのではないでしょうか。

「私」や「自分」というものが、「言葉による錯覚」であることを合理的に説明することは、今でも困難を伴います。

第四章

ゴータマ・ブッダの修行と悟り

出家と十二支縁起

そもそもブッダになる以前のゴータマ・シッダッタは、なぜ出家しようと考えたのでしょうか。古い文献からは、その理由が煩悩からの解放にあったことがうかがえます。

『この在家の生活は狭苦しく、煩わしく、塵のつもる場所である。ところが出家は、広々とした野外であり煩いがない。』

（スッタニパータ　４０６）

『諸々の欲望には、患《わずら》いのあることを見て、また出離こそ安穏であると見て出家した。』

（スッタニパータ　４２４）

とあります。

一つには、在家の生活の煩わしさから逃れるためであり、もう一つは、欲望は心を悩ませるものであり、欲望から離れることが心を安らかにして穏やかにしてくれるに違いないと思って出家したということであります。

つまり出家の目的は、煩悩からの解放であり、後にゴータマ・ブッダが発見した十二支縁起における解脱にあったといえます。

『諸々の欲望を究めつくして、自己の安らぎを学べ。』
（スッタニパータ　940）

とあるように、かつてゴータマ・シッダッタも、欲望を究め尽くし、自己の安らぎを学んだということではないでしょうか。

では、その具体的な煩わしさや悩みとは、どのようなものだったのでしょうか。

インド憲法の草案・作成者であるアンベードカルの「ブッダとそのダンマ」にはより具体的な逸話が語られています。

『ゴータマ・シッダッタが二十八歳のころ、シャカ国では隣国コーリヤとの水利権をめぐる争いがおこり、シャカ国のサンガ集会において、コーリヤ国と戦おうとする主戦派と、戦うべきでないとする非戦派に分裂してしまいました。

そして、投票で主戦派が多数を占めたために、最後まで反対したゴータマ・シッダッタの一族であるゴータマ家は、社会的な制裁や土地の没収をされそうになりました。そんな一族の苦境を避けるために、自ら追放処分を受ける形で出家を決意しました。』

とあります。

つまりは、国家間の利権争いのゴタゴタに巻き込まれて、ゴータマ家を救うために仕方なく出家したということになるかと思われます。

確かに煩わしく悩ましい出来事ではありますが、そのことをきっかけにゴータマ・シッダッタは、人間の欲望の探求と自己の探求に目覚めていったのかもしれません。

また、「大パリニッバーナ経　第5章27」において、

「わたしは二十九歳で、なにかしら善を求めて出家した」とあります。

ここで語られる善とは、何を意味するものなのでしょうか。

ヤージュニャヴァルキア師は、ウパニシャッドの中で、善を行う者が梵我一如（世界と自己とは一体）を体験すれば、苦しみを無くすことができると語っています。

ゴータマ・シッダッタが「善を求めて出家した」ときの「善」は、ヤージュニャヴァルキア師の言う「善」のことと思われます。つまりゴータマ・シッダッタの出家当時の「善」とは、この「苦しみからの解放」を意味していたのではないでしょうか。

これらのことから、ゴータマ・シッダッタの出家の目的は、欲望からの解放と苦しみからの解放にあったと考えられます。

苦しみからの解放をもたらす「善」という言葉に、深い意味を見出したのが、日本の哲学者、

西田幾多郎《きたろう》であります。

若松英輔《えいすけ》氏は、『善の研究　西田幾多郎』の中で、西田の善とは、「大なる自己」の開花であり、それに基づいて「行為」することであると語ります。

さらに西田は、「最上の善」とは、個々の人間の中に眠っているものが世に出現し、円満なる発達を遂げることだと言います。

西田の善、「大なる自己」とは、ユングが語る「個性化」、「個性の開花」と重なります。

また西田は、「自己の開花」を「自己実現」という言葉でも表現しています。

西田の「善」は、個人的な苦悩からの解放だけでなく、その先の個人のあり方、自己変革まで見据えています。

実は、仏教の「善」も自己変革の行為論としての思想でありました。

西田の「善」は、仏教における「善」を研究したものと思われます。

ウパニシャッド哲学における善は、苦の輪廻からの解脱を意味していました。

そして、ゴータマ・シッダッタはウパニシャッド哲学の善を引き継いだものと思われますが、解脱してゴータマ・ブッダになってからの「善」は、単に苦の円環からの解放で終わっている訳ではなく、解脱してからの新しい自分の出発点（個人の自立）として位置づけられました。

『すべて悪しきことをなさず、善いことを行ない、
自らの心を清めること、これが諸仏の教えである。』
（ダンマパダ　183）

十二支縁起においては、「無明」、つまり「我という迷い」、「我という錯覚」が煩悩を生み出し、苦を生み出し、悪を生み出していると考えられます。

「我という錯覚」にとらわれなければ、悪を生み出すこともなく、善悪という分別も無く、自他の区別も無く、無差別、平等の意識が生まれます。

「個人の自立」とは、現代の言葉で言えば「個人主義」に当たります。

誤解の無いように言いますが、個人主義とは、「利己主義」エゴイズム、つまり他人を無視して己のみを利することではありません。

「個人」という言葉は、「他者」の存在（集団）を前提にする言葉であります。

個人主義とは、集団の中の自分の「いのちのはたらき」と、他人の「いのちのはたらき」をともに尊重することであります。

社会集団を形成する一人ひとりの「人権」を大切にするということであります。

アートマン（自己）からダルマ（法）へ

ヤージュニャヴァルキア師は、次のように語っています。

『自己は、見られることがなく見る者であり、聞かれることがなく聞く者であり、思考されることがなく思考する者であり、知られることがなく知る者である。』

（ブリハッドアーラニカヤ・ウパニシャッド）

それに対して、ゴータマ・ブッダは、こう語ります。

『われは考えて、有るという迷わせる不当な思惟の根本をすべて制止せよ。』

（スッタニパータ　916）

ここでのわれ（我）は、ヤージュニャヴァルキア師の言う「自己」のことを指していると考えられます。

この語りは「自己は、思考する者である」と言うヤージュニャヴァルキア師に対して語られた内容と思われます。

「考える主体としての我というものが存在する」と思うことは、人を迷わせる正しくない考えであり、そんな考えはやめなさいと言っています。

暗に我（アートマン）を否定しています。

「われ思う、ゆえにわれあり」

という有名なデカルトの言葉に対する批判を、何と今から約２５００年前に展開していたことになります。

宮本啓一氏の『インド人の考えたこと』によれば、前八世紀前半、シャーンディリヤという人が瞑想によって梵《ぼん》我《が》一如《いちにょ》という変性意識体験をしました。

梵とは、ブラフマン：「世界のあり方」を意味します。「もともと存在するもの」としての「世界」とか「宇宙」を意味しています。

我とは、アートマン：「個人のあり方」を意味します。

一般に日本語では「自己」、中国語では「我」、英語では「self」と訳されます。

梵我一如とは、「世界と自己は、一つのもの」という体得知のことであります。

この体得知を合理的に説明しようとしたのが、前八世紀後半のウッダーラカ・アールニという哲学者でした。

彼は、もともと存在するものとしてのあり方を「実在するもの」（有）という言葉で示しました。アールニによると、「実在するもの」は「思考する主体」であり、自らを省みて自らを「自己」と規定（命名）し、「実在するもの」から「世界」が流出するとき、世界の森羅万象の中に「自己」として入り込んだのだと考えました。

凡夫の解釈では、「有」は「無意識的な身体」を意味し、身体が意識によって言葉を獲得すると、心の中に言葉の世界（ブラフマン）が生まれ、思考によって自らの身体も自己（アートマン）と名付けて、言葉の世界に位置づけたものと思われます。

世界の森羅万象とは、名称（名前）によって区別される存在であり、その本質はあくまでも「実在するもの」とされます。

アールニによれば、「実在するもの」は「自己」であり、「自己」は「世界内存在」であるということになります。

それから約百年後、前七世紀後半になるとヤージュニャヴァルキア師によって、認識の視点から、自己（アートマン）は、知る者、認識主体であるとされました。認識主体は、論理的に認識対象とはなり得ないから、自己は認識対象である世界に属することなく、「世界外存在」だと考えられました。

自己は、「世界内存在」から「世界外存在」へと変化したことになります。

さらに自己は、生ずるものでなく、「おのずからあるもの」（自明なもの）なので、常住不変、不生不滅であるとされました。

つまり、ウパニシャッド哲学におけるアートマン（自己または我）は、常住不変なるものであり、かつ認識主体であります。

けれどゴータマ・ブッダは、そうは考えませんでした。

認識は、身体の感覚器官抜きで得られるものでないことを経験的に知っていたからであります。すでに、十二支縁起の説明においてなされた六処の解説から、認識は身体の感覚器官に依存しているといえます。身体がなければ、認識もあり得ないということであります。

ゴータマ・ブッダの思考は、すべて経験的な事実から出発しています。仏教において、世界とは認識の世界、心の世界のことを意味しています。

経験的に認識される我（自我）というものは、認識対象であり、五蘊から構成されています。

つまり、アートマンには、二つの意味があることになります。

一つは、常住不変で認識主体としての自己（ウパニシャッド哲学）であり、もう一つは、五蘊から成る認識対象としての自我（仏教）であります。

J・ゴンダのインド思想史によれば、後期ヴェーダ文献では、「アートマン」は霊魂と無関係な語であったとされます。

最初は、肉体的、精神的意味での「自己」を意味していたようです。

また、「アートマン」は代名詞として「自らの」という意味で使用され、「自己」の観念は人間がある精神的な段階に到達したとき、もっぱら人間の意識内に形成されるものだったとあります。

つまり「アートマン」（自己）は、初め代名詞（示し機能）として使用され、それが繰り返し使用されているうちに指示されたものを意味するようになり、名詞化した可能性があります。そして、名詞化した「アートマン」が「霊魂」を意味したり、「自己」を意味したり、「自我」を意味したり、時代により人によって指し示すものが変化してきた歴史があるのかもしれません。

また、仏教におけるアートマンの否定の解釈には、「諸法非我」と「諸法無我」があります。諸法非我という言葉は、五蘊からなる認識対象としての「自我」は、常住不変である認識主体の「自己」ではないということを意味します。仏教とウパニシャッド哲学におけるアートマンの定義の違いを述べています。諸法無我という言葉は、五蘊からなる認識対象の自我は、意識が作り出す錯覚であり、実在するものではないということを意味し、十二支縁起の無明に相当する内容であります。仏教における自我は、経験的な認識から成るものと考えます。

現代では、一人称代名詞の「私」（I）や「自分」（me）という言葉を哲学や心理学で扱う場合には、便宜的に「自我」（ego）という言葉（名詞）が使用されます。「I」は純粋自我とし、「me」は経験的自我と呼ばれます。

それに当てはめてみると、ウパニシャッド哲学におけるアートマン（自己）は、純粋自我（I）という認識主体のことであります。仏教における五蘊（色、受、想、行、識）は、経験的自我（me）の認識を構成する要素であるといえます。

言い換えれば、「諸法非我」とは、「meはIではない」ということを意味し、「諸法無我」は、「meの中にIは存在しない」ということを意味しています。

ここで、古代インド思想において常住不変、認識主体としてのアートマン（自己）という概念によって何を示そうとしたのか、少し違った角度から考えてみたいと思います。

現代ではウィリアム・ジェームズが指摘したように、「自己」は純粋自我「I」と経験的自我「me」からなる示し概念であり、純粋自我と経験的自我を統合したものであります。

認識できるのは経験的自我（me）であり、認識主体としての純粋自我（I）は、認識対象ではないので認識できません。

一人称代名詞の目的格としての「me」は、経験的に知られる自分、つまり経験的自我（自己意識）を意味します。仏教では、五蘊（自我を構成する五つの要素集合）のことです。

一人称代名詞の主格の「I」は、便宜的に純粋自我と呼ばれますが、今という瞬間の身体の意識を意味します。もう少し正確に言うと、脳科学的には意識されることのない無意識的な脳の働き（心の働き）を意味していると思われます。

ウパニシャッド哲学における「常住不変」の本来の意味は、物としての存在ではなく、心の中にある働き、気がつけばいつもある意識の働きとして、生きている人間の身体（脳）に常に変わらず流れている脳の活動電流のことを意味していたのだと考えることができます。

また「実体」という言葉の意味は、「それ自体として存在するもの」という意味ですが、これも物としての存在ではなく、僕たちが通常意識することのない無意識的なもののことと考えれば、あながち間違った表現ではないような気がします。

意識として気がついたときには、すでに存在している無意識的な脳の活動電流の流れ（ジェームズが、意識の流れと表現したもの）は、初めから「それ自体として存在するもの」といえます。

意識にとって、身体は初めから、それ自体として存在します。つまり意識からすると、「アートマン」とはあって当たり前の「身体」を意味することになります。

僕たちは朝目覚めると、日々心に立ち上がってくるものがあります。それは、昔から「意」と呼ばれてきました。十二支縁起における六処の中の「意」であります。気づいたときには、すでにあるものとして「意」があります。

つまり身体に初めから備わっているもの、無条件にあるものとしての「意」であります。

英語では、それを「Ｉ」と言い、日本語では「私」と言って指し示します。

ジェームズは、そのＩのことを「意識の流れ」（無意識的な心の流れ）と呼びました。現代の脳科学では、脳の活動電流といえます。

ウパニシャッド哲学において、世界を意味する「ブラフマン」（梵）とは、仏教では認識の世界を構成する「心の世界」を意味します。

アートマン（自己）とは、「無意識的な心の流れ」を有する「身体」に相当します。ウパニシャッド哲学の「梵我一如」という言葉は、仏教では「心身一如」という言葉に転換されました。梵我一如の体験とは、実は仏教でいう空の体験（無我の体験）であります。

ウパニシャッド哲学では、瞑想体験のプロセスから、認識世界と自分という意識が一体化するような体験と解釈します。けれど、仏教では、瞑想体験のプロセスとして、認識世界や自分という意識が空っぽになる体験（空の体験、無我の体験）と解釈します。

同じ瞑想体験ではありますが、世界や自分というものが、存在すると思うか、錯覚にすぎないと思うかで解釈が異なるだけなのです。

ゴータマ・ブッダは、行為というものは、身、口、意、つまり身体行為、発語行為、思考行為とから成るものと考えました。見る、聞く、発語する、思考する、知るという行為は、身体と心の働きによって行われるものと考えました。

瞑想のプロセスとしての心身一如、心と身体は一体であるというのが仏教の考え方であります。

意識は、そこにおいて初めて無意識的な身体の存在に、あって当たり前の身体の存在に、気づくことができるのだと思います。

中村元氏のスッタニパータの注釈の中に、「人間のよりどころであり、人間を人間のあるべき姿に保つものであるという意味で、初期仏教ではそれを法（ダルマ）と呼んだ。仏はその法を見た人であり、仏教はその法を明らかにするものである」とあります。

ウパニシャッド哲学における心のよりどころは、アートマン（自己）にあります。アートマンは、瞑想によって得られる特殊な意識現象の体験を指します。

ウパニシャッド哲学においては、アートマンは、常住不変の実体、認識の主体なるものと考えられました。意識からすれば、それは無意識的な身体のことを意味しています。意識があるとき、身体は常に存在し、変わらずに存在しています。

また、五つの感覚器官と意識を働かせて対象を認識するのは、無意識的な身体（認識の主体）であります。

仏教において心のよりどころは、ダルマ（法）であります。

身体に備わっていて、絶えず変化する現象としての「意識の流れ」であります。

けれど、意識されたもの（表層的な概念）の流れは、意識の背後にある無意識的な心の流れをもととしています。

「法」という漢字は、氵《さんずい》に去ると書きます。文字の意味としては、流れ去るという意味にとれます。

意識されることのない無意識的な心の流れ（身体の無意識的な働き）が、とどまることなく流れ去っている状態を意味していると考えることができます。

サンスクリット語で「dhara」は「流れ」を意味し、「dharma」は「法」を意味します。これは偶然とは思えません。

仏教では、その無意識的な心の流れを仮の名として「空《くう》」「からっぽ」と表現したのではないでしょうか。


アートマン（自己）とダルマ（法）は、「意識する身体」という現象の、二つの見方を表していると考えることができます。

アートマンは無意識的な「身体の存在」に、ダルマは意識の背後にある無意識的な「身体の働き」に、それぞれ注目しています。

それは、異なる視点によって、物事（現象）のとらえ方、解釈の仕方が全く違ったものとなることを示しています。

ウパニシャッド哲学も仏教も、たぶん、その本質は同じだったのではないでしょうか。

身体と二つの自己

『実に、自己は自分の主《あるじ》である。自己は自分のよりどころである。ゆえに自分をととのえよ。』

（ダンマパダ　380）

仏教の「自己」は、ウパニシャッド哲学における常住不変の実体ではなく、自らの身体に流れている「意識の流れ」＝「法」を意味します。

自分という意識は、五蘊という経験的な認識から成り立ちますが、この認識は、自らの身体に流れている「意識の流れ」（無意識的な心の流れ）をもとにしています。自分という意識は、「意識の流れ」（法）をよりどころとして形成されるということです。つまり自分は「法」をよりどころにしているといえます。

さらに自分は、無意識的な心の流れ、「自己」をよりどころにしているといえます。

すなわち自己は、自分のよりどころであります。

「自分をととのえよ」とは、「八正道を実践しなさい」ということであります。

『友よ、私は世界の終極に達しないで苦しみを消滅すると説くのではない。

そうではなくて、意識もそなえ心もある、この一尋《ひとひろ》の身体に即して、世界そのものと、世界の生起と、世界の死滅と、世界の死滅に導く道とを説き示すのである。』

（サンユッタ・ニカーヤ　ローヒサッタ経）

ここでの「世界」とは、個人の認識、または認知の世界のことであります。

仏教では、認知の世界は、十二支縁起で示されるように、苦であるとされます。「苦」も、個人の認識の問題ととらえています。それゆえ「世界」は、「苦の世界」を意味しています。

以下に凡夫の解釈を示します。

「個人の認識の終極に達しないで、苦しみを無くすことはできない。意識や心を兼ね備えている、この身体によって、個人の認識と、個人の認識の生起と、個人の認識の死滅と、個人の認識の死滅に至る方法とを語りましょう」

つまり、「個人の認識の終わりが、苦の認識の終わりとなります。それをこの身体をもって体得することができますよ」と語っています。

それは、八正道による無我の体得、空の体得、身体知によって、苦しみを終わらせることができるということを意味していると思われます。

ゴータマ・ブッダは、心の世界の認識の一切は、六処（身体の感覚器官）からもたらされると言います。

つまり、世界の認識は、身体に依存していると考えることができます。

と同時に、身体の中にこそ、認識の世界があるということだと思われます。

『あるのは、この身体だけによって六処をもつものであって、それは命あるものであることを縁とすることによっている。これだけが空ではないものである。』

（マッジマ・ニカーヤ　121　小空経）

空なる心において、意識はされないけれど、あるのは身体による知覚の流れだけであります。
空でないものとは、生きている身体のことを指しています。

身体による知覚の流れが意識されることによって認識が形成されます。

先の、「自分をととのえよ」というのは、八正道により、身体と心をととのえよと言っているのだと思います。そして、その修行の結果が「空」、「心身一如」の体験知なのかもしれません。

仏教の修行による自己探求は、八正道の修行により、空なる心（無意識的な心の流れ）に気づきますが、空なる心においてもまだ残っているものが、身体による知覚の流れ、身体の存在であります。

自分のよりどころとしての自己は、実は生きている身体を意味した言葉であります。

中村元氏は『原始仏教』の中で、最初期の仏教においては、二種の異なった自己を想定していたことを指摘しています。

一方は、悪徳・煩悩のもととなる自己

他方は、理想として実現されるべき自己

であります。

煩悩にとらわれた自己に関しては、制御し克服されるべきとされます。

「よく統御せられた自己は、人間の光明である」

理想として実現されるべき自己は、人間が追求すべきものであります。

「自己は、自己の主である」

現代的には、「自己」という概念は、行為の主体としての「自らの身体」を客観的に指し示す「示し言葉」であります。

さらに、自己は自己意識（自我）を内包するという関係が成り立っています。

つまり、煩悩のもととなる否定されるべき自己とは、自我の欲望にとらわれた自己のことであります。

理想とされる自己は、自我の欲望にとらわれない本来の自己、あるがままの自己のことを意味していると考えることができます。

それは、自らの身体の行動のあり方が、自我にとらわれているか、とらわれていないかによって二つの自己のあり方が生じるということでもあります。

仏教が否定している自己は、自我の奴隷となったとらわれの自己であり、肯定されるべき自己は、自我のとらわれを克服した自由で主体的な自己のことであります。

つまり、本当の自由を得るには、自己変革が必要であることを意味しています。

中道《ちゅうどう》としての八正道

転法輪経（サンユッタ・ニカーヤ　56、11）において、出家修行者が、親しみ近づいてはならないものが二つあると語られます。

その一つが、愛欲において欲楽《よくらく》の生活に耽溺《たんでき》することです。それは、下劣で卑しく、凡夫に属し、聖ならざるもので、利益の無いものとされます。

もう一つは、苦行を実践することです。それは、苦しみであり、聖ならざるもので、利益の無いものとされます。

この二つの極端に近づかずに修行することが、中道と呼ばれるゴータマ・ブッダの説く修行方法であります。中道は、目を開き、知をもたらし、寂静《じゃくじょう》、証智《しょうち》、正覚《しょうかく》、涅槃《ねはん》に導くとされます。その中道とは、八正道のことであります。

ゴータマ・シッダッタも、この昔からある修行方法としての八正道を修行して、ブッダになったとされます。

それは、個人的な苦の流転（輪廻）を止めるための修行方法でもあります。

後に、四諦の道諦として、仏教の修行方法としても取り入れられました。

八正道とは、正見《しょうけん》、正思《しょうし》、正語《しょうご》、正業《しょうごう》、正命《しょうみょう》、正精進《しょうしょうじん》、正念《しょうねん》、正定《しょうじょう》であります。

では、その八正道のそれぞれの意味について説明します。

これまでの説明では、人によって意味が少しずつ異なっているのですが、八正道が出家修行者の中道ということを念頭において説明したいと思います。

これまでの説明とは、全く異なる意味になっているかもしれません。また、それが正しい意味かどうかは、明確な確証がないことを、あらかじめ断っておきます。

自分なりの解釈であり、かなりいい加減な説明かもしれません。

〔正見〕自分の心の中の現象を、ありのままに見つめること。

自分の感情や判断にこだわることなく、先入観を持たず、心に浮かんでくることを客観的に見つめること。

心に浮かんでくる現象は、絶えず変化していることに気づきます。

諸行無常であります。

心に浮かんでくる現象は、自分の思い通りにならないことに気づきます。

一切行苦であります。

〔正思〕正しい考え方を意味します。

偏った考え方をしないということ（中道の思考とでも言いましょうか）。

ものごとに固執しないで、二極化思考をしないということ（例えば、善か悪か、正か邪か、長か短か、美か醜か……）。

先入観や思い込みにという無意識的な思考パターン（習慣）に気づいて、それにとらわれない考えのこと。

余計なことを考えない、無駄な思考を排除することが目的。

〔正語〕正しい言葉を意味します。

言葉の正しい意味を理解して、聞いたり、語ったりすること。

言葉は、状況に応じて意味が異なります。

修行の中で聞いた言葉を正しく理解した上で、修行すること。

間違った理解で修行しても、その修行は無駄になるかもしれません。

自分に嘘はつかないこと、自分を言葉でごまかさないこと。

〔正業〕正しい行いを意味します。

正しい所作を意味し、無駄な動きをしないこと。

初めは、一挙手一投足に注意を払って行動すること。

その後、動作を習慣化（パターン化）して無意識的に行為できるようにし、決まった動作を繰り返すことで、無駄な行為を排除すること。

間違った行いをしたと思ったら、それを正すこと。

〔正命〕正しく命に向かい合うことを意味します。

与えられた自らの命を生かすこと。

苦行によって自分の命を無駄にしないこと（修行に悲観して自殺などしないこと）。

〔正精進〕正しい努力を意味します。

苦行という無駄な努力をしないこと。

煩悩という悪にひかれないための努力をすること。

自らの心を律し、コントロールすること。

修行にまい進すること。

〔正念〕対象となるものに正しく注意を向ける（観察する）ことを意味します。

先入観に惑わされず、過去に振り回されず、雑念を払い、今ある自分の存在に関わるものを観察すること。
四念処《しねんじょ》の実践ともされます。
身、受、心、法から成る自分の存在、身体の働き、感覚や感情の流れ、心の働き、自我を構成する要素である五蘊から成る自分の存在を観察することの実践。
具体的には、主に普段の
身体の呼吸や行為を観察して、身体の無常性や無意識性を気づかせ、
感覚や感情の流れを観察して、その無常性や無意識性を気づかせ、
心の働きを観察して、その心の無常性や無意識性を気づかせ、
最後に自我を構成する五蘊の無常性や無意識性に気づかせるための観察法と思われます。
「念」という漢字は、「今」に「心」と書きます。今という瞬間の身心に注意を向けることを意味していると思われます。

〔正定〕正しい禅定を意味します。
正しい精神統一（意識集中）をすることです。
座禅による瞑想。
特定の対象に意識を集中し続けることで、意識は対象と一体化します。
例えば、呼吸に意識を集中します。

初めは意識的呼吸を繰り返します、やがて呼吸は自然と無意識的な呼吸へ移行し、意識は無意識的な身体と一体化する可能性があります。

そよ風の感覚に全神経を集中させ、全身（身体の触覚）で感じ、風と一体化します。そこにあるのは、感覚の流れだけかもしれません。

そうすることで、無意識的な身体の存在を感じ、意識が空っぽになった身体を感じ、意識がニュートラルになった身体を感じます。

修行のより所としての自灯明、法灯明

仏教では悟りを得るための修行者の心得として、次のように語られます。

『この世で自らを島とし、自らをたよりとして、他人をたよりとせず、
法を島とし、法をよりどころとして、他のものをよりどころとせずにあれ。』

文献的には、「自らを島とし、……法を島とし……」の島は、灯明と訳されることがあり、「自灯明、法灯明」とも表現されます。さらに続けて、

『修行僧は、身体について身体を観察し熱心に、よく気をつけて、念じていて、世間における貪欲と憂いとを除くべきである。

感受について感受を観察し、熱心に、気をつけて、念じていて、世間における貪欲と憂いとを除くべきである。

心について心を観察し、熱心に、よく気をつけて、念じていて世間における貪欲と憂いとを除くべきである。

もろもろの法について、法を観察し、熱心に、よく気をつけて、念じていて、世間における貪欲と憂いとを除くべきである。』

（大パリニッバーナ経　第2章26）

とあります。従来の解釈では、このことをもって、

「自らを島とし、自らをたよりとして、他人をたよりとせず、法を島とし、法をよりどころとして、他のものをよりどころとせずにあれ」とは、四念処を実践しなさいということであるとされます。

四念処とは、ヴィパッサナー瞑想と呼ばれるものであります。

八正道の正念の内容を意味しているとされます。

その内容は、次の四つの観察から成ります。

従来の説明では、以下のことと考えられました。

〔身念処〕自分の身体を観察し、自覚すること。

〔受念処〕自分の感覚、感情を観察し、自覚すること。

〔心念処〕自分の心を観察し、自覚すること。

〔法念処〕自分を構成する要素（五蘊）を観察し、自覚すること。

ここにある四つの観察法は、概念的には多少の重なりがあるとしても、要するに、身心と五蘊（色、受、想、行、識）を自らの心の内で観察し、自覚することといえます。

「自ら」は、自分の身心現象のことであり、「法」は、諸法（五蘊）のこととされます。

従来の解釈では、「自灯明、法灯明」は、「自分の身心をたよりとし、五蘊をよりどころとせよ」

つまり、「自らの身心を観察し、五蘊を観察せよ」という意味になります。

けれど、「四念処」は瞑想の実践方法であり、個人的な問題であります。

意味的には、それでいいとしても、なぜか言葉の重みが感じられません。

自分と他人の区別を強調している割には、それが感じられないのであります。

法とそれ以外の区別を強調している割には、やはりそれが感じられません。

中村元氏は「ブッダ最後の旅」の解説の中で、四念処の部分は、おおもとの文献には欠けているから、後世のつけ足しであろう、と指摘しています。分かりやすい解説としてのつけ足しであれば、問題ないのですが、たぶんこうであろうという想像によるつけ足しであれば、問題であります。もしもそうだとすると、本来の意味は、もう少し違ったものだった可能性が出てきます。

ここからは、凡夫の浅知恵でもって、少し違った意味の勝手な解釈を試みたいと思います。ここも、凡夫のたわごとだと思って、無視していただいてかまいません。

「自らをたよりとする」ということは、ある意味、他人の言動に頼らず、自分自身の存在に信頼を置くということだと思われます。それはまた、自分の身体と心のあり方を信頼することでもあります。

仏法とは、自己探求であります。悟りは、他人に聞いて得られるものではありません。

自らの身体でもって修行すれば、必ず自分というものの真実を理解することができるはず、というように、自らの潜在的な可能性を信じることだと考えることもできます。

「法をよりどころとする」の法には、いろいろな意味があります。

「諸法」の法は、自我を構成する五蘊の各要素のことであります。

「十二支縁起の法」の法は、縁起する心の法則（働き）という意味であり、人の心に煩悩が生まれ、苦が繰り返される心理法則を意味します。

「四諦」は四つの真実であり、四諦を法ととらえれば、法は真実を意味します。「仏法」の法は、仏に至るための方法を意味するとともに、無意識的な心の働きを意味すると思われます。

さらに、「仏の教え」という意味もあり、「仏の教え」を法ととらえれば、法は、「ゴータマ・ブッダの教え」を意味します。

ブッダ自身が、自分の教えを「法」と呼ぶかは分かりませんが……。

十二支縁起の法は心の法則であり、四諦は四つの真実を意味します。

仏法は悟りに至る方法であり、縁起する心の働きであり、仏の教えであります。

仏の教え、ゴータマ・ブッダの教えは、それらすべてを含みます。

とりあえず、「ゴータマ・ブッダの教え」という意味であれば、数ある「法」の意味を取りこぼすことはないと思われます。何とも頼りない結論であります。

個人的に「法灯明」の「法」は、苦滅の理論と実践が分かりやすくまとまっている四諦のことを意味しているのではないかと思います。理論的な裏づけがあって初めて、信念を持った実践修行が可能になると思われるからであります。

正直いうと、理論の要は四諦のもととなる「十二支縁起の法」だと思いますが、十二支縁起の法は難解であり、当時、理解できる人はあまりいなかったのではないかと推測します。

『独坐と禅定を捨てることなく、諸々のことがらについて常に理法に従って行い、諸々の生存には患《うれ》いのあることを確かに知って、サイの角のようにただ独り歩め。』
（スッタニパータ　69）

独坐と禅定を捨てることなくというのは、自らの身体による技法をあきらめてはいけないということであり、自分を信じろということを意味しています。

理法に従ってというのは、十二支縁起の理法によってということであります。諸々の生存は、五蘊から成る自我のことであり、自我の本質を知ることは、五蘊をよりどころにするということであります。

結論として「自灯明、法灯明」が意味することは、本来的な意味において、「自分自身の可能性を信じ、無我という知恵を導く五蘊と、解脱、涅槃に導く十二支縁起の法をよりどころにしなさい」ということだと考えます。

ロシアの仏教学者オットー・ローゼンベルグは、（意識的）現象の現れてくる基体がダルマ（法）であり、ダルマ（法）自体は、（意識的）現象界の背後にあって、現象界に現れないものと考えました。

脳科学的解釈によれば、現象界の背後にあるものとは、「パターン認識」を支える脳内における三次元的な「パターン形成」を意味するものと思われます。

現象界に現れてくるものは、視覚的には「イメージ」であり、言語的には「概念」であります。

宮坂宥洪《ゆうこう》氏は、『仏教におけるダルマ（法）の意味』において、結論として「法」の語義は、「保たれるもの」とされます。

その意味に添って脳科学的に考えると、二つの意味が考えられます。

「ダルマ（法）」は、脳活動（心の働き）による意識現象について言えば、

（一）　意識によって、脳内に「保たれるもの」としての「概念」

（二）　身体によって、「保たれるもの」としての「無意識的な脳活動の流れ」

つまり、無意識的な脳活動によって保たれる脳内パターンと、そこから意識化されるパターン認識としての概念の二つの意味があることになります。

概念としての法は、意識現象として心に浮かんだり沈んだりして絶えず変化していますが、脳内に形成されたパターンは固定的であります。

意識は、「無意識的な心の流れ」を保つ身体によって支えられています。

意識にとって「常住不変」なるものとは、意識の前提としての「無意識的な心の流れ」を保つ身体であります。

つまり、意識にとって「認識の主体」なるものは、「六根（五つの感覚器官と意）からなる身体」といえます。

ウパニシャッド哲学において「自己または我」（アートマン）は、常住不変であり、認識の主体であると考えられました。「自己」を認識主体と考えると、それを支えているのは身体ということになりますので、「自己」は「身体」を意味します。

（認識の対象となる）現象世界を「梵」（ブラフマン）とすると、「梵我一如」は認識世界と認識主体とが一体となるような意識現象であります。

それは「無意識的な心の流れ」そのものによって支えられています。

仏教においても「認識の対象となる現象世界」は「六根からなる感覚器官である身体」によって取り込まれ、認識され、認識の世界が形成されます。

また我（五蘊）を認識する意識は、身体の無意識的な脳活動に支えられています。

つまり、仏教における「心身一如」も、「認識の対象としての現象世界」と「認識主体としての身体」とが一体となるような意識現象（空）であります。

それも、「無意識的な心の流れ」そのものによって支えられています。

ウパニシャッド哲学における「梵我一如」と仏教における「心身一如」は、どちらも、身体における「無意識的な心の流れ」そのものによって支えられていると言うことができます。

同じ意識現象であっても、見る視点によって、とらえ方（説明概念）が異なるということでありましょうか。

法と縁起との関係

中村元氏は、「法」（ダルマ）の語源は「保つ」という意味であると言います。ただし、宮坂氏は、「保たれるもの」と解釈しています。

そこから、「法」は「きまり」「法則」「規範」がもともとの意味とされます。

凡夫としては、仏教は人間の「心の世界」を取り扱うもの、今で言う「心理学」に相当するものと考えます。その観点からしますと、仏教は自然的存在（物質的存在）の領域を、そこから区別して、「心の世界」に基礎づけるために、「法の領域」を設定したと思われます。いわゆる「概念体系」であります。

意識的な概念を成立させる原理は、現代では脳で形成される「様式」（パターン）であります。脳の「パターン認識」がもととなっていると考えます。

そのパターン認識とは、人間の心がものの認識に至る「きまり」といえます。

意識的には「法」は「概念」を意味しますが、その概念を成立させる働き、無意識的に縁起する心の働き、脳内におけるパターン形成なども「法」の意味するところとなります。

仏教における法（概念）の体系としては、主に二つあります。

（一）個人存在（自分自身）を認識する法（概念）として、諸法（五蘊）が考えられました。色、受、想、行、識の意識的な要素の集まりであります。

（二）外部の対象を認識するための法（概念）として六根（身体の感覚器官）が考えられました。眼、耳、鼻、舌、身、意の身体的な要素であります。

また、法（概念）を成立させるものとして、「縁起」なる働きが考えられました。

概念の体系は、もととなる原因（因）とその関係性（縁）によって生じることを意味しています。「縁起」という言葉の意味するものとしては、意識的なものと無意識的なものと二種類あります。

（一）意識的なものとしては、自我にとらわれた人の心の変化のあり方を示す、十二支縁起の心理法則があります。

（二）無意識的なものとしては、法（概念）が成立してくるところの無意識的な心の働きとしての「縁起」があります。

「法」（概念）と「縁起」（心の働き）とは、相互依存的な関係として成り立っていることを意味しています。

自我（自分）という概念（法）は、その時々の諸法（五蘊の各要素）から成る組み合わせ（パターン形成）により成立します。

ここでは、自我という概念（法）と五蘊の各要素（諸法）との相互依存的な関係が成り立っています。

ここでの縁起（関係性）は、意識的な「法」（概念）と「諸法」（要素）との相互依存的な関係性を意味しています。

五蘊の各要素である、色、受、想、行、識の各概念（諸法）は、無意識的な働きとしての脳内のパターン認識により成立します。

つまり、ここでの縁起は、意識的な「概念」と無意識的な「脳内におけるパターン」（きまり）との相互依存的な関係性を意味しています。

外部の対象となるもの（色）の概念（法）は、その時々の六根（受）の要素からなる組み合わせ（パターン形成）により成立します。

それは、もののイメージ（想）を形成し、ものに関わる記憶（行）を作り、それらの組み合わせから成るパターン認識（識）を可能とします。

対象となるもの（色）の認識も、人の無意識的な心の働き（受、想、行、識）により成り立ちます。

ものの概念（法）も、無意識的な心の働きによって成り立っているといえます。

つまり、ここでの縁起も「法」と「無意識的な心の働き」との相互依存的な関係性を意味しています。

ゴータマ・ブッダの縁起

ゴータマ・ブッダの発見した十二支縁起の法における縁起は、前支により後支が成り立つという各支分における関係性を意味しています。

また、ゴータマ・ブッダは自我という概念（法）が五蘊（諸法）から縁起して成ることも示しました。

さらに五蘊（諸法）そのものも、無意識的な心の働きから縁起して成ることを示しました。

法（概念）は無意識的な要素から縁起する働きによって心に浮かんでくるものなので、縁起する働きが無くなれば、心は空なる心の流れだけとなり、法（概念）は空なる性質（空性）を持っていることも示しました。

仏法と筏《いかだ》のたとえ

『わが筏はすでに組まれて、よくつくられていたが、激流を克服して、すでに渡り終わり、彼岸に到着している。もはや筏の必要はない。』

（スッタニパータ　21）

『筏は、渡るためのものであって、取っておくためにあるのではない。

……諸々の教えといえども捨て去るべきである。』

（中部経典　第二経）

ゴータマ・ブッダは、筏と同じように、煩悩という激流の向こう岸へ渡るための手段として、諸々の教えを説きました。激流の彼岸へ至って煩悩を克服してしまえば、筏はもう必要ありません。

ゴータマ・ブッダの説いた諸々の教えも、それに導かれて、悟りに到達してしまえばもう必要ないものとなります。

いつまでも大事にしまっておくためのものではなく、教えの内容にこだわることなく、捨て去るべきであるといいます。

あくまでも「ゴータマ・ブッダの教え」は、悟りに至るための手段にすぎません。

目的地に到達するための、地図であり、ナビゲーターであります。

ここでは、「わが筏」は、具体的には「仏法」のことと受け取ります。

「筏」は「仏法」、「ゴータマ・ブッダの教え」とも、「悟りに至る方法」とも、「悟られた法」とも取れます。

いずれにしろ、「仏法」は苦の円環から抜け出すための道具にすぎません。

苦から解放された心の世界に到達できたなら、悟りに至る手段としての「仏法」はもう必要ないものとして、捨てられるべきであるとされます。

「仏法」とは、「心の世界の渡し船」にすぎないということであります。それは、「仏法を絶対視してはいけない」ということを暗に示しています。

仏教は、言葉にとらわれるな、言葉に惑わされるなと言い、言葉は錯覚を生み出すもとであると言います。

仏教の究極の到達点は、言葉を超えたところにあります。

それは、いわゆる「超越」という言葉でも表現されます。

仏教は、言葉重視の経典を有する他の宗教とは異なった合理的な心理学でありながら、さらに合理性の超越をも目指した自己心理学であると思われます。

ゴータマ・ブッダの知恵と悟り

日本語で「悟り」を意味する「菩提」とは、サンスクリット語、パーリ語のボーディ（bodhi）の音写であります。

漢訳では「覚」と訳され、心の真実への「目覚め」を意味します。

仏陀、ブッダ（buddha）は、「目覚めた人」を意味します。

現代の日本語としては、「気づき」：今まで知らなかったことに気づくこと。という表現が、意味としては近いかと思われます。

小部経典のウダーナには、菩提（悟り）の章があり、そこでは従来の十二支縁起の理法が語られています。

また、「サンユッタ・ニカーヤ　6、1、1」では、

> 「私の得たこの法は深遠で理解しがたく、悟りがたい。
> ……
> 縁起の道理は理解しがたい。」

とあります。

そこだけを見ると、悟りとは十二支縁起の理法に関する目覚め（気づき）を意味しているように思われます。

十二支縁起は、繰り返される煩悩の流れを示し、三明知によって得られた理法であります。

意識的に得られる知識であります。

けれど、今まで知らなかった心理法則に気づいたという意味では、十二支縁起も「悟り」ということができます。

初期仏教より後の大乗仏教では、なぜか「無我」や「空」が悟りの内容と考えられました。「空」は、般若心経では智慧（知恵）の完成とされました。

けれど、「我」というものは錯覚にすぎないと気づいたという意味で、これも「悟り」ということができます。

「悟り」という言葉は、ある特定の心理状態だけを指す言葉ではなく、その時々の主題とするものについての気づきを「悟り」と表現しているだけにすぎないように思われます。

仏教が主題としていることは、最終的には死苦からの解放にあると考えられます。

『苦しみを知らず、また苦しみの生起するもとをも知らず、また苦しみのすべて残りなく滅びるところをも、また苦しみの消滅に達する道をも知らない人々、かれらは心の解脱を欠き、また智慧の解脱を欠く。かれらは（輪廻）を終滅させることができない。かれらは実に生と老いとを受ける。』

（スッタニパータ　724、725）

ここでは、四諦を知らないということは、「心の解脱」を得ておらず、「知恵の解脱」も得られていないから、煩悩（苦）の流れを終わらせることができないと語られています。四諦は十二支縁起をもとにした論理であり、つまり、もともとは十二支縁起を知らないということは、「心の解脱」を得ておらず、「知恵の解脱」も得られていないということを意味します。

「知恵の解脱」は、知恵による解脱、つまり諸法無我の体験知による解脱のことと考えられます。諸法無我を知ることによって、我のこだわりから解放されます。

我というものは錯覚にすぎないと気づきます。我とは心の迷いにすぎない、無明にすぎないと気づきます。

また「心の解脱」とは、心による解脱、つまり十二支縁起の心理法則による解脱のことと考えられます。十二支縁起の無明を滅することができれば、それまでとらわれていた煩悩から解放され、苦の繰り返しからも解放されるという気づきであります。

『諸々の生存者が、これは真理であると考えたもの（我）を、諸々の聖者は、これは虚妄（無我）であると如実に正しく知恵をもってよく観ずる。』　（スッタニパータ　755〜756）

ここでは、無我という知恵の気づきが語られています。

『理法が何であるかを知らない愚人は、……　生存の貪欲にとらわれ、生存の流れに押し流され、……　この真理は実に覚り難い。』
（スッタニパータ　７６３、７６４）

ここでは、十二支縁起の理法は覚《さと》り難いと語られています。

『（心の）世界における諸々の煩悩の流れを堰き止めるものは、注意を向けることである。この煩悩の流れの防御を私は説く。その流れは知恵によって塞がれるであろう。』
（スッタニパータ　１０３５）

煩悩の流れは、苦の流れを意味し、十二支縁起の理法によって示されます。

十二支縁起を前提とした上で、自我を構成する要素である五蘊をバラバラに観察すると、五蘊のまとまりとしての自我のとらわれが消え、煩悩の流れを堰き止めることができます。

さらに自我が錯覚であることを体得することができれば、無我の知恵によって、煩悩の根源（入り口）である無明を明らかにします。つまり十二支縁起で示される煩悩の流れの入り口を塞ぎ、煩悩の流れを止めることができるといえます。

ここでも、「十二支縁起の心理法則」と「無我の知恵」に気づくことよって、煩悩の流れ、死苦の流れから脱することができるということが語られています。

無我という知恵（体験知）の気づきによって、十二支縁起の理法（知識）に気づき、その二つの気づきをもとにして、繰り返される煩悩の流れ（苦の流れ）から脱出（解脱）できることに気づいたことが、ゴータマ・ブッダにおける最終的な悟りの内容ではないかと考えられます。

また涅槃（ニルバーナ）は、解脱後に得られる心の安楽な状態、その体験知であると思われます。

『如何《いか》なる所有もなく執着して取ることがないこと、これが洲（す）に他ならない。それをニルバーナと呼ぶ。それは老いと死との消滅である。』

（スッタニパータ　１０９４）

所有は、自分のものという執着であります。その執着は、自我へのこだわりであり、その自我へのこだわりが無くなることがニルバーナであります。

洲は、煩悩の流れからの避難所、よりどころであります。

つまりニルバーナは、煩悩によってもたらされる老死苦の消滅を意味していると考えられます。

十二支縁起から四《し》諦《たい》への転換としての転《てん》法《ほう》輪《りん》

四諦とは、ゴータマ・ブッダが最初の説法で語ったとされる「四つの真実」のことであります。その内容は、苦についての考察から成り立っています。

また、十二支縁起も自分の死苦の考察から始まった理論であります。

つまり、四諦と十二支縁起説は切っても切れない関係にあるといえます。

ここでは、四諦と十二支縁起説を織り込みながらその関係を明らかにしたいと考えます。

まずは、「サンユッタ・ニカーヤ　56、11」にある四諦を示します。

（一）　苦《く》諦《たい》

『比丘たちよ、実にこれが、苦しみなる真実である。
生は苦しみであり、老いも苦しみであり、病も苦しみであり、死も苦しみである。
愁い、悲しみ、苦痛、憂い、悩みも苦しみである。
怨《うら》みかつ憎い人に会うことは、苦しみである。
愛する人との別れは、苦しみである。
求めたものが得られないのは、苦しみである。

要するに、
五取蘊（自我を構成する五蘊に執着すること）は、苦しみである。』

ここに書かれている生・老・病・死は、自分だけに関わる苦しみであります。

自分の生、自分の老い、自分の病、自分の死のことです。この四つの苦しみを、四苦と呼びます。愁い、悲しみ、苦痛、憂い、悩みも自分だけの苦しみと思われます。これらをまとめて苦蘊（苦の集まり）と呼ばれます。

ここまでの苦しみは、自分だけに関わる苦であり、五支縁起の中で考察されたと思われる苦しみの内容であります。

その後に続く三つの苦しみは、自分と他人、自分とものが関わる苦しみであります。これらの苦は、他人との接触（触）によって生じてくる苦しみといえます。

自他の関係性を取り込んだ十支縁起説の中で考察されたものと思われます。

さらに、これらの苦しみは「自分の存在」を前提にしているので、すべて「自分へのこだわり」があります。要するに、五取蘊（自分にこだわること）は、苦しみであることが分かります。

ここでは、五蘊への執着が語られています。

五蘊は、色、受、想、行、識から成る自我を構成する要素のことですので、自我の存在を前提とする五支縁起や十支縁起の説では語られることのない内容となっています。五蘊は十二支縁起に形を変えて取り込まれています。

つまり、五取蘊は十二支縁起によって初めて語ることができるものであり、十二支縁起の考察から得られたものと考えられます。

「要するに、五取蘊は苦しみである」と、苦諦で語ることができるのは、十二支縁起がもととなっているということであります。

（二）集諦《じったい》

『比丘たちよ、実にこれが、苦しみの原因なる真実である。

再生をもたらし、喜びと貪《むさぼ》りをともない、あちこちで歓喜に満たされる渇愛である。

これは次のようなものである。

欲愛《よくあい》と有愛《うあい》と無有愛《むうあい》である。』


ここでは、苦しみの原因が渇愛（欲望）にあることが語られています。

このことは、五支縁起の中で語られる内容であります。

けれど、渇愛は、再生をもたらし、喜びと貪りを伴うともあります。再生とは、自我の再生、「迷える生存」の再生のことであります。

つまり、十二支縁起の「無明」が繰り返されることを意味しています。

十二支縁起では、「無明」が苦しみの原因とされますが、四諦では渇愛が苦しみの原因とされ、「無明」は出てきません。

つまり、集諦では、苦の根源としての「無明」について、あえて語ることを避けたものと考えられます。

その理由は、八正道において諸法無我を悟らなければ、「無明」を理解することが困難であるからと考えられます。集諦においては、理解可能な渇愛に焦点を絞ったものと思われます。

要するに集諦も、十二支縁起の考察から導かれてきたものであります。

次に渇愛（tanha）の具体的内容が三つ語られます。

欲愛（kamatanha）、有愛（bharatanha）、無有愛（vibharatanha）です。

欲愛：自分の感覚器官によって得られる快感への執着欲のこと。

自分の生理的な欲求（食欲、性欲）などの身体的な快、またはその代償となる社会的、精神的な快（お金、名声、権力など）に対する執着欲のこと。

美味しいものが食べたい、好きな人に会いたい、お金持ちになりたい……。

有愛：自分の存在に対する執着欲のこと。生きていたい、死にたくない。

無有愛：現実には存在しないもの（錯覚としての自我）への執着欲のこと。

「スッタニパータ　８５６」に、「依りかかることのない人は、……生存のための妄執も、生存の断滅のための妄執も存在しない。」とあります。「生存のための妄執」を有愛とするならば、「生存の断滅のための妄執」は無有愛に相当します。

また、藤村隆淳《りゅうじゅん》氏の『初期仏教の生命観』によれば、「スッタニパータ　１１０４」に「死の領域に愛着を感じているこの人々を執着ある人々であると観て」とあり、「死の領域」とは、「チュッラ・ニッデーサ」の注釈では、「煩悩」と「蘊」と「行」の三つを意味しているとされます。「生存の断滅」を「死の領域」と考えれば、具体的には、無明という煩悩への執着欲、自我を形成する要素としての五蘊への執着欲、自分の習慣的行為の記憶としての行への執着欲を意味していると考えられます。五蘊や行は「錯覚としての自我」（無明）の生まれに関わっています。

つまり、無明という現実には存在しない自我を生み出し、その無明という死苦をもたらすものへの執着欲が無有愛の意味するものと考えられます。

十二支縁起との関係で見れば、以下のことが意味されます。

欲愛：自分の欲が満たされれば快を感じ、次からも同じ快を得ようとして、もっともっと欲望を募らせることを意味します。

有愛：自分の死を恐れることから、自分の生存に対する欲望を募らせることを意味します。

無有愛：愛（渇愛）から続く、受、触、六処、名色、識、行への執着によって生まれる無明（現実には存在しない自我）への欲望を意味します。

（三）**滅諦**《めったい》

『比丘たちよ、実にこれが、苦しみの滅なる真実である。
その渇愛を残りなく離れ滅し、捨て、放棄して、解脱し、執着しないものとなることである。』

ここでは、渇愛が苦の原因であるから、渇愛を離れ、滅し、捨て、放棄することで、解脱し、自分に執着しないものとなることができると語られます。

ここでは、渇愛の放棄だけでなく、解脱や執着しないものとなることが語られており、やはり十二支縁起から導かれる論理であります。

（四）**道諦**《どうたい》

『比丘たちよ、実にこれが、苦しみの滅に向かう道なる真実である。
それは、実に正しい八つの道である。
これは次のようなものである。
正見《しょうけん》、正思《しょうし》、正語《しょうご》、正業《しょうごう》、正命《しょうみょう》、正精進《しょうしょうじん》、正念《しょうねん》、正定《しょうじょう》である。』

ここにある正しい八つの道とは、仏教の修行道である八正道のことであります。仏陀（覚った者）となるための修行の方法論であります。

八正道は、過去の仏陀たちがたどった古い修行道であり、ゴータマ・ブッダもこの八正道を成就することで仏陀になることができたといわれます。

ゴータマ・ブッダは、八正道を成就して諸法無我に気づくことで、十支縁起から十二支縁起を完成することができました。

その十二支縁起における苦の原因である無明（煩悩）を滅尽する方法こそ、八正道の実践そのものであります。

つまり、四諦は、十二支縁起の理論と八正道の実践から成り立っています。

さらに四諦に続いて、こう語られます。

『これは、苦しみなる真実であると、比丘たちよ、わたしにとって、いまだかつて聞かれなかった法において、眼が生じ、知が生じ、知恵が生じ、明智が生じ、光明が生じた』

ここでは、「いまだかつて聞かれなかった法」において、これは苦しみなる真実であるという眼、知、知恵、明智、光明が生じたとあります。

「いまだかつて聞かれなかった法」つまり「十二支縁起の法」から、苦しみなる真実である苦諦が導かれたということであります。

「十二支縁起の法」が、苦諦に転換されたということを意味しています。

同様に、

『これは、苦しみの原因なる真実であると、比丘たちよ、わたしにとって、いまだかつて聞かれなかった法において、眼が生じ、知が生じ、知恵が生じ、明智が生じ、光明が生じた。』

『これは、苦しみの滅なる、真実であると、比丘たちよ、わたしにとって、いまだかつて聞かれなかった法において、眼が生じ、知が生じ、知恵が生じ、明智が生じ、光明が生じた。』

『これは、苦しみの滅に向かう道なる真実であると、比丘たちよ、わたしにとって、いまだかつて聞かれなかった法において、眼が生じ、知が生じ、知恵が生じ、明智が生じ、光明が生じた。』

とあり、苦諦に集諦、滅諦、道諦を合わせた「四諦」が「十二支縁起の法」から転換され導かれたことが語られています。

中村元氏の『ブッダの真理のことば・感興のことば』の中の十二章の道において「いまだかつて聞いたことのない法輪を転じたもうた人」とあり、「十二支縁起の法輪を転換した人」と解釈できます。「転法輪」という言葉は、従来の解釈では、「四諦という法（真実）を説いた」

と解釈されてきました。けれど、ここでは「法輪を転換して語った」ととります。法輪とは、「十二支縁起の法」の輪（円環）のことを意味しています。

つまり「転法輪」とは、十二支縁起の法輪の内容の表現方法を、四諦という表現方法に転換して語ったという意味であります。このことを明確に裏づける文献はありませんが、四諦と十二支縁起の内容の比較から、そう推測できます。

『真理によって輪をまわすのです。』（スッタニパータ　554）

真理を四諦ととれば、「四諦によって十二支縁起の法輪を語るのです」と解釈できます。

石井恭二《きょうじ》氏は『正法眼蔵の世界』の中で、転法輪という言葉は、「悟られた真理（理法の輪）が種々の姿や行動として示されるもの」と語っています。

また、道元も「転法輪は、説法とは違う」と語っているようです。

五支縁起の法輪や十支縁起の法輪は、これまでの過去仏によって語られてきた法輪（苦の円環の理論）と思われます。

十二支縁起の法輪は、ゴータマ・ブッダが初めて発見した法輪であり、「いまだかつて聞いたことのない法輪」であります。

ではなぜ、最初に十二支縁起の法輪そのものを語らずに、新たに転換された四諦を語ったのでしょうか。

それは、たぶん十二支縁起の論理が難解であり、十二支縁起を語ったとしても誰にも理解できなければ意味がないと考え、より実践的で分かりやすい表現に転換して語ったのだと思われます。

のちに、十二支縁起そのものも語っていますが、やはり誰にも理解できずに伝承されてしまいました。と凡夫は考えます。

とはいっても、ゴータマ・ブッダの教えを聞いて解脱した人たちがいたということは、当時にも十二支縁起を理解できた人たちがいたのかもしれません。

あるいは、十二支縁起によらず、新たに転換された四諦によって解脱できたのかもしれません。いずれにしても、解脱は可能だということであります。

四諦には、十二支縁起と異なり、無明や六処、名色などの理解困難な概念は出てきません。「苦」を中心とした組み立てになっていて、苦、集、滅、道の四項目として語られます。一見分かりやすく、実践的な内容になっています。

苦諦の中で「要するに、五取蘊は苦である」と語ることによって、経験的な我を構成する要素（五蘊）と苦の関係が語られ、すべての苦は五蘊（我）への執着から直接的に起こることを示し、五蘊（我）と苦の関係に意識を向けさせます。

もちろん五蘊が苦であることは、八正道の実践によって三相（無常、苦、無我）に気づかなければ理解できませんが、道諦は八正道の実践そのものであります。

集諦によって、五支縁起から渇愛は苦の直接原因として示され、十二支縁起からは渇愛（欲望）が「自我の再生」をもたらすものとして苦の間接的な原因であることが示されます。

そして、欲望を減らすことが苦を減らすことになると語られ、欲望を減らすことに意識を向けさせます。

四諦そのものは意識的な知ですが、やはり三相（無常、苦、無我）の実践的な知恵が無いと本当の意味は理解できないかと思われます。

最終的に八正道の実践により無我に気づくことによって、四諦の意味が理解できるようになっています。

要するに、四諦は無我をさとり苦滅へと至る八正道の実践につながる理論であり、苦を滅するための方法のすべては、八正道の実践の中にあるということなのかもしれません。

十二支縁起の法輪から四諦が導かれたように、十二支縁起が理解できれば、四諦の意味もより深く理解することができたと思われます。

理論と実践を平行して学ぶことができれば、仏道の修行、自己の探求はより容易なものとなったかもしれません。

サーリプッタと十二支縁起

『セーラ・バラモンは、ゴータマ・ブッダに言いました。

「あなたは転輪王（世界を支配する帝王）となって、

……全インドの支配者となるべきです。」

ゴータマ・ブッダは、言いました。

「セーラよ。わたくしは王ではありますが、無上の真理の王です。

真理によって輪を回すのです。だれも反転しえない輪を。」

セーラ・バラモンが問いました。

「あなたは、｛われは、無上の真理の王であり、法によって輪を回す｝と説いていますが、
あなたが回されたこの真理の輪を誰があなたに続いて回すのですか。」

ゴータマ・ブッダは、答えました。

「私が回した輪、すなわち無上の真理の輪（法輪）をサーリプッタが回します。

彼は、まったき人に続いて出現した人です。」』


（スッタニパータ　５５２、５５４～５５７）

ここでの真理の輪（法輪）は、十二支縁起の法輪のことを語ったものと思われます。その十二支縁起の法輪は、誰も反転し得ない輪であると語られています。

この反転の意味を、覆すことができないと取るか、素直に逆回転できないと取るかで意味は異なってきますが、凡夫は逆回転できないと取ります。

つまり、十二支縁起の法輪は、一方向的に理解されるということであります。

また、ゴータマ・ブッダに続いて十二支縁起の法輪を語るのは、サーリプッタであると語られています。

中部経典の「正見経」の中で、サーリプッタは四諦や十二支縁起について語っています。その内容は伝聞によるものゆえに従来の解釈に添うものとなっていますが、当時として十二支縁起を理解していなければ、ゴータマ・ブッダに代って語ることはできなかったと思われます。

サーリプッタは、ただ一人十二支縁起の法を理解していた可能性があります。

けれど、サーリプッタはゴータマ・ブッダより先に亡くなってしまいました。

つまり、ゴータマ・ブッダ亡き後に、十二支縁起の法を理解していた弟子は誰もいなくなってしまったと考えられます。

もしも、サーリプッタがゴータマ・ブッダより長く生きていたなら、十二支縁起の法が正しく伝えられていたかもしれません。

解脱後の十二支縁起について

これまでは、世間（苦なる心の世界）における十二支縁起について語ってきました。けれど、そこにとどまらず、出世間（苦から抜け出した後の心の世界）の十二支縁起なるものがあるといいます。それは、ウパニサ・スッタ（縁由経）の内容と思われます。

実は、このウパニサ・スッタにおいても、従来の解釈では合理的な解釈が困難であります。世間の十二支縁起も併せて書かれているため、それと同様に、全く逆の流れで解釈されているからであります。

凡夫の解釈によれば、この経の要旨は、解脱した後の心の変化をとらえたものと考えられます。解脱から涅槃への心理過程ではないかと思われます。

その新たな十二支の流れを示します。なぜか十二支縁起の苦から始まります。

（一）　苦（く、ドゥッカ）

（二）　漏尽智（ろうじんち）

（三）　解脱（げだつ）

（四）離貪（りどん）
（五）厭離（おんり）
（六）如実智見（にょじつちけん）
（七）定（じょう）
（八）楽（ぎょう）
（九）軽安（きょうあん）
（十）喜（き）
（十一）悦（えつ）
（十二）信（しん）

この流れが正しいとすると、解脱後の心理的変化が、離貪から信にわたって示されますが、どの段階が涅槃に相当するのかは、はっきりしません。

たぶん、信まで行って、涅槃寂静となるのだと想像します。

ここで少し疑問に思われるところが出てきます。

解脱のプロセスでは、八正道の修行により、禅定から如実知見、厭離、離貪、解脱、漏尽智と流れることであります。解脱後のプロセスでは、解脱のプロセスとは逆の流れをたどっています。

ゴータマ・ブッダは諸法無我、諸行無常、一切行苦を語り、五蘊は我ではないと如実知見し、続いて次のように五比丘に語ります。

『比丘たちよ、私の教えをよく聞いた聖なる弟子たちは、そのように観て、色において厭《いと》い離れ、受において厭い離れ、想において厭い離れ、行において厭い離れ、また識において厭い離れる。

厭い離れれば貪《むさぼ》りを離れる。貪りを離れればすなわち解脱する。

解脱すると解脱したとの自覚が生じて、｛わたしの迷いの生《うまれ》はすでに尽きた。清浄の行はすでに成った。為されるべきことはすでに為され、もはや迷いの生《うまれ》を繰り返すことはない｝と知るのである。』

（サンユッタ・ニカーヤ　22、59　五比丘）

解脱は、十二支縁起においては苦の円環からの解放を意味しますが、それだけではなく十二支縁起に含まれている五蘊からの解放、無我への気づき、つまり自我のとらわれからの解放も意味しています。

自我のとらわれからの解放は、自他の区別からの解放をもたらし、自他の相互作用から成り立つ人間関係において、必然的に他者への配慮、利己から利他への心的変化をもたらすと考えることができます。

ここで、この出世間（解脱後の心の世界）における十二支縁起について、凡夫なりの説明を少し加えてみたいと思います。

解脱後の心のプロセスにおいては、解脱へのプロセスとは逆の変化が生じると考えられます。解脱後に、離貪が定着し、厭離が定着し、如実知見が定着すると見ることができます。ここも流れ的には誤解されやすい部分かと思われます。

（一）自分の思い通りにならない苦（煩悩）の世界があり、
（二）苦滅（煩悩の滅尽）の智によって、（順次）
（三）苦（煩悩）の世界からの解放された心
（四）欲望にとらわれない心
（五）自我にとらわれない心
（六）対象をあるがままに見ることのできる心
（七）禅定、一つの対象に集中することのできる心
（八）道楽《どうぎょう》、道を修めて得た楽しみの心
（九）軽やかで、安らかな心
（十）あらゆるものに対する喜びの心

（十一）法悦、うっとりするような悦び、身体内部から自然に湧き出る悦びの心

（十二）信楽《しんぎょう》、自分自身を信じることを楽しむ心

が得られると考えられます。

ここに描かれている心の流れは、意識的な心のあり方から無意識的な心のあり方へと変化し、最終的に無意識的な情動（安楽）の流れが示されているように思われます。

果たして、解脱後の新たな心の変化を感じていただけたでしょうか。

それとも、いまいちと思われる説明でありましょうか。

全く話にならないと、お怒りでしょうか。

いずれにしても、これが凡夫の限界であります。

あしからず。

第五章

十二支縁起の現代的意味

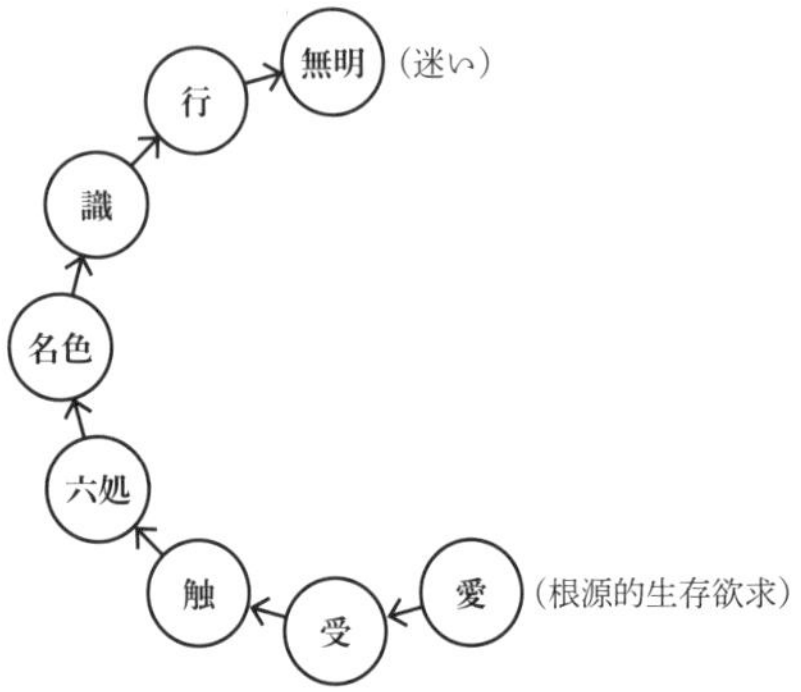

ここで十二支縁起の流れをもう一度振り返ってみたいと思います。

まずは、愛（根源的生存欲求）から無明（迷い）が生まれる流れを示します。

その流れは、赤ん坊の根源的生存欲求（愛）から始まります。根源的生存欲求は、赤ん坊でいえば、食欲のことであります。

お腹がすいて（おっぱいが飲みたいとは言いませんが）、欲求を満たしたくて泣き、感情表現（受）をします。

母親が抱き上げて、おっぱいをあげようとします。すると赤ん坊は、母親の乳房をまさぐり、おっぱいを吸います。同時に母親のぬくもりを感じます。

お互いの触れ合い（触）をします。

赤ん坊は、全身の感覚を使って、母親とコミュニケーションをします。母親も全身の感覚を使って、赤ん坊の欲求に注意を向けます。

全身の感覚器官（六処）を使った相互作用が形を変え

◉錯覚としての自我

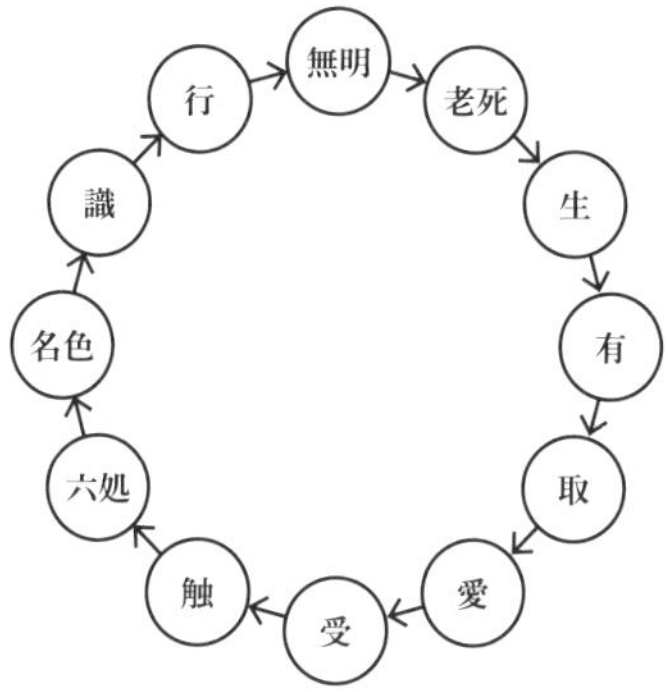

ながら繰り返されます。

母親は、子供の名前を呼んで、あやします。いつしか、子供は自分の名前を覚え、母親をママと呼んだりします。

ここでも互いの名前（名色）が繰り返されます。

やがて子供は、自分と母親（他人）を識別（識）し、自他の識別が成立します。

すると今度は少しずつ自分に関わる記憶（行）が形成されます。

その記憶がある程度蓄えられると、記憶を想起するたびに、自分に関わるイメージが浮かんできます。すると、あたかも自分というものが存在するかのごとく、「錯覚としての自我」（無明）、迷いが生まれます。

現代では、発達心理学に相当する内容と思われます。

次に、「錯覚としての自我」（無明）が形成されてからの流れになります。

錯覚としての自我（無明）が形成されると、自分の老いや死を恐れるようになります。老いや死は、自分の思い通りにならないもの（老死苦）であります。

さらに自分が生きること（生）も、いつか老いや死を迎えることに気づき、やはり自分の思い通りにならないものとして、迫ってきます。

今度は、どう生きるかという生存のあり方（有）を問うようになります。

とはいっても、他人が関わる社会の中では、自分の思い通りにはなりません。

どうにもならない自分の生存をどうにかしたいと自分の生存に執着（取）するようになります。すると、今度は自分の欲望（渇愛）を追求し、自分のものという所有欲が芽生え、際限の無い欲望に振り回されるようになります。

欲望を満たそうと行動しますが、欲望は満たされれば、消滅します。けれど、満たされなければ不満足を生み、その不満足なものをもたらす相手に怒りや憎悪さえ感じるようになります。快、不快、どちらでもない、という感情（受）に左右されることになります。

欲望を満たそうと他人と接触（触）します。そうして物を求めたり、異性を求めたりします。けれど、他人は自分の思い通りになるとは限りません。

物や異性は、身体が喜ぶもの、身体の感覚器官（六処）を頼りに探し求めます。

異性を求める場合には、相手の名前を呼んだり自分の名前が呼ばれたりします。

お互いの名前（名色）を繰り返すことによって、自他の識別が強化されます。

そうやって経験を重ねることによって、自分に関わる記憶が蓄積され、自己物語（行）が作られます。

そして、その記憶を想起するたびに自分という意識（自我）が強化されることになります。

「錯覚としての自我」（無明）が強化されると、再び自分の死を恐れることになり、それが繰り返されます。

これが、苦のサンサーラ（輪廻）と呼ばれることになります。

「無明」が「錯覚としての自我」（迷いの生存）であると気づけば、その後に続く老死苦、生苦、……すべての苦を無くすことができ、再び無明（錯覚としての自我、迷いの生存）が生まれることはありません。

仏教と同時代に起こったジャイナ教の「ウッタラッジャイナ」には、十二支縁起の影響を思わせる、次のような詩句があります。

> 『欲望が迷いのもとであり、また迷いが欲望のもとであると、ひとびとは説く。』

ジャイナ教においても、迷い（無明）と欲望（渇愛）との関係が繰り返されることが示されています。

十二支縁起の法では、欲によって迷い（無明）が生まれ、その迷い（無明）によって欲望が繰り返し起こると理解できますので、ゴータマ・ブッダの十二支縁起の法がジャイナ教に取り入れられた可能性があると思われます。

ここに示された十二支縁起の心理的プロセスの流れは、普段意識されることなく、無意識的なプロセスとして進行します。

縁起（縁って起こる）とは、この無意識的なプロセスの働きのことを、あえて意識化した表現なのかもしれません。それはまた、「空」とも「法」とも表現されてきたものではないでしょうか。

十二支縁起は、初め自我の存在を前提にした心の変化として考察されました。

最初は、五支縁起として示されました。現代では、フロイトの精神分析やその後の自我心理学に相当するものと思われます。

この自我心理学に先の発達心理学（三支縁起）を加え、自我を取り込んだ縁起説となり、自己心理学へと発展したと考えることができます。

つまり「十二支縁起の法」は、ゴータマ・ブッダの教えが、自己心理学であることを意味していると思われます。

十二支縁起は、自我のこだわりによる苦の円環を示す心理的なプロセスであります。けれど、最初に語られた「生まれること」という言葉を「自我が生まれること」ではなく、「赤ん坊として生まれること」と誤解したことによって、十二支縁起を理解することが困難になってしまいました。

十二支縁起の流れが誤解されやすい日常的な原因

それは、通常の欲望（愛）と感情（受）の関係にあると思われます。

それを一般的な食欲について示してみたいと思います。

まず個人の心に、無意識的な食欲が発生してきます。根源的な生存欲求としての食欲は、放っておいても、繰り返し発生してきます。

無意識的な欲は、意識化することによって、意欲となります。

「お腹がすいた」「腹へった」となります。

欲が意識されると、その欲を満たそうとする意識的な行動へと人を駆り立てます。目の前に食べ物があれば、美味しそう、いい香りと言って、その食べ物に手を伸ばし味わいます。美味しければ、快、まずければ、不快を感じます。

これらの行動の中には、身体の感覚器官（六処）で食べ物を確かめることや、身体による食べ物への接触（触）が含まれます。

つまり、愛、六処（目、鼻）、触、六処（舌）、受の流れが形成されます。

快によって満足すれば、欲は消失します。

けれど、その快（喜び）に執着（取）すると、また同じ快（満足）を求めるようになります。つまり、再び新しい欲へとフィードバックされるのです。

お腹がすくと、また前と同じものを食べたいと欲望することになります。

ここでは、受から取そして愛への流れが形成されます。

まとめると、愛、六処、触、六処、受、取、愛、六処、触、六処、受、取……の流れが繰り返されます。

これを部分的に見れば、六処、触、（六処）受、（取）、愛の流れが見て取れます。

その流れは、部分的ではありますが、従来の十二支縁起の流れ（六処、触、受、愛）に一致します。

つまり、日常的な欲が繰り返されるプロセスの経験によって、十二支縁起の流れが誤解される可能性があるといえます。

十二支縁起は、苦の繰り返しのプロセスでありますが、そこに（逆方向ではありますが）欲のプロセスに類似する部分が含まれていることによって、誤解が増強されることになったと考えられます。

ここで、十二支縁起の意義を再確認しておきたいと思います。

（一）　我という錯覚（無明）とその再生の心理的メカニズム

十二支縁起の円環を見ると、無明から始まり無明へと帰ってくることが分かります。無明が消えない限り無明が再生されるということであります。

無明から愛までが、自我にとらわれた心理過程を示します。愛から行までが、無明の再生（自我の再生、自我の強化）の過程となっています。

（二）　老死苦、生苦という苦の悪循環が形成される心理的メカニズム

無明により我の老死苦、生苦が生まれ、円環によって繰り返されます。ここでも無明が消えない限り苦の悪循環が繰り返されることが分かります。

（三）　際限の無い欲望形成の心理的メカニズム

我の老死苦、生苦によって我にとらわれた欲望（我欲）が生まれます。それが円環によって繰り返され、際限の無い欲望が形成されます。

さらに欲と行為との関係から、悪が生まれる心理的メカニズムが導かれます。

ヤージュニャヴァルキア師によれば、

「人は欲よりなり、欲に従って行為（業）を成す」

とされます。

「人の行動は、欲望に突き動かされている」といえます。

欲望がその行為によって満たされれば、その欲望は消えて快（喜び）の感情をもたらします。

しかし欲望が満たされなければ、その欲望は消えず、不快な感情から不満足（苦）が生まれ、対象に対する嫌悪の感情や怒りの感情をもたらします。

欲望の不満足が自己否定感としての苦を生み出します。その自己否定感を否定するために、他者否定に向かい、さらに悪行を生み出す可能性があります（ここでの苦は、一般的な苦であり、十二支縁起の老死苦とは異なります）。

もしも自分の欲を諦めることができれば、不満足感は消え、悪行へと続くことはありません。

悪が生まれる心理的メカニズムは、十二支縁起の円環の「受」の一側面に関わります。

十二支縁起で欲望が繰り返されることから、欲の不満足によって悪行が繰り返されることになると理解できます。

十二支縁起における悪行の形成について

これまで、十二支縁起によって悪が生み出される心理的メカニズムを具体的には示しませんでした。ここでは十二支縁起と悪との関係を現代的な課題に沿って示してみたいと思います。

自我（無明）が形成されてからの自我心理学の段階では、悪のもとである怒りや憎しみ（瞋恚）は、「受」から「行」への流れによって形成されます。

自分のプライドを傷つけられたり、愛する人や愛する家族を傷つけられたり、殺されたりしたら、

受：傷つけた相手を憎み、恨み、仕返しや復讐の思い、時に殺意さえ抱くかもしれません。

憎しみの対象は、個人、集団、国家、時に赤の他人であったりします。

暴力や殺人などによって怒りや、憎しみの連鎖が生まれるかもしれません。

触：相手に直接接触し、相手からののしられたり、暴力を受けたりすれば、その場で怒りを覚え、相手に反撃するかもしれません。間接的に誰かに非難されていると聞いたり、ＳＮＳで誹謗中傷されたと知ったりすれば、相手に怒りを覚えるかもしれません。弱い立場の人は、恨みを募らせるだけかもしれません。

集団や国家間であれば、争いが引き起こされるかもしれません。

六処：相手の行動や発言は目で見て、耳で聞いて、直接的に確認できます。

誰かを介して間接的に聞く場合もあるかもしれません。

ニュースやネット情報から怒りを募らすこともあるでしょう。

名色：相手にオマエ呼ばわりされたり、口汚くののしられたりするかもしれません。コノヤロー、バカヤローとか。

逆に相手をののしったり、相手の嫌がる言葉を投げつけたりして、互いに言い合いになるかもしれません。

集団や、国家間であれば、その集団や国の名前を名指しして、直接、間接に侮辱したりすることでしょう。

識：憎い相手の情報を集めて、相手がどんな人間か、どんな集団か、どんな国なのかを把握、認識することでしょう。

ただ強がっているだけの人間か、暴力的なのか、武器を持っているのか、背後に誰か操っている人間がいるのかなどを知りたがるかもしれません。

行：憎い相手のことを記憶して、いつまでも恨んだり、いじめのように相手の嫌がることをしつこく繰り返したりするかもしれません。

また悲しい出来事を思い出しては、怒りや憎しみを募らせることでしょう。

言葉によって記憶されたことは、繰り返し意識化され、強化されてしまいます。

まだ自我（無明）が生まれる前の発達心理学の段階では、明確な怒りや憎しみとはならず、潜在化し、潜在的で否定的な自我が形成されると考えられます。

幼児が欲求によって泣きわめいても、親にネグレクトされたり、直接的に暴力を受けたりするかもしれません。虐待が継続された場合、

受：訳の分からない不快な感情や痛みの感覚が無意識に蓄積され、対象がはっきりしない不安や恐れ、悲しみや抑うつ気分を抱くかもしれません。

触：直接的な暴力を受けても、はっきりとした記憶としては残らず、ただ暴力のたびに否定的な感情が蓄積されていくのではないでしょうか。

六処：感覚的な痛み、怒りの声、怒りの表情などがイメージとして無意識に記憶されるかもしれません。

名色：幼児では相手の名を呼ぶことはできないかもしれません、パパやママという言葉を覚えてからは、多くの場合、親の名を呼んで、暴力をやめさせようとすることでしょう。自分は悪くもないのに、謝ったりするかもしれません。

識：幼児では、まだ自分や相手の認識はできないかもしれません。まして虐待の認識はなく、

無意識的に自分自身を責めてしまうかもしれません。

行：自分の記憶はまだ十分ではありませんが、感覚的、感情的な記憶は無意識的に記憶されているかもしれません。感覚的に強い自己否定感を抱えた場合、その欲求不満のはけ口を求めて、いつか他者否定へと進む可能性があります。

大人になったとき、訳の分からない暴力衝動から無差別に人を攻撃するようになるかもしれません。自らに攻撃が向かえば、自殺に追い込まれてしまいます。

独裁的な権力者やテロリストは、自分の中にある心の傷に気づかず、自らの暴力を正当化するために、既成の思想や宗教を利用することでしょう。

言葉で書かれたものは、それを書いた人の意図とは別に、自分の都合のいいように、いかようにも解釈可能だからであります。

現代社会と十二支縁起

十二支縁起は、社会生活をする人間にとっての重要な心理的メカニズムを示しています。

（一）　人がなぜ自らの死を恐れるのかを示します。

（二）　人の欲望がなぜ際限のないものとなるのかを示します。

（二）　人がなぜ悪い行為をしてしまうのかを示します。

そしてそれらの原因が、人の心で作られる自我（自分）という錯覚にあることを示します。人間の意識的な心は、自我という錯覚を持つことによって、自らの死を恐れます。そして、自らの生存に執着し、自我に執着し、自らの欲望を募らせ、欲望充足のために行動します。人によっては悪事を為すこともあります。

マルクス・ガブリエルが言うように、人間は自ら作り出した欲望の奴隷となっています。そのことに気づく人は、ほとんどいません。

人間の心は、「意識的な心」と「無意識的な心」から成ります。

しかし、「無意識的な心」は、通常においては気づくことができません。それは、身体そのものの働きだからであります。あって当たり前の身体に、「意識的な心」は気づくことができないのです。身体の存在は、「意識的な心」の前提条件だからであります。

けれど、ふとした瞬間に身体の「無意識的な心の流れ」に気づくときがあります。

さわやかな風を持続的に感じているとき、美しい風景に大いに感動しているときなど、心が思考を止め、身体の感覚や情動に満たされているときです。意識的な心は空っぽとなり、あるのは感覚の流れ、情動の流れだけとなります。

心は流れそのもの、身体そのものと一体化します。そこでは、意識的な「自分」など存在しないと気づきます。そこに自我はなく、あるがままの身体となり、世界と一体化している身体を発見し、（自分の）死への恐れはありません。

十二支縁起の法がもたらす解脱とは、
自我への執着からの解放であり、
死の恐怖からの解放であり、
欲望の奴隷からの解放であり、
悪行からの解放であります。

もちろん誰の身体も、いつかは死にます。

けれど、「錯覚としての自分の死」なるものは、存在しません。あるのは、生物としての自然なプロセスとしての死であります。あって当たり前の死であります。苦からの解放としての死であります。

人間の「意識的な心」は、生まれる前（胎児の時）から存在する「無意識的な心」と出会うことによって、身体と一体化し、安らげるようにできています。

もしも生物に死が組み込まれている理由があるとすれば、それは、命をつなぐものとして新たな可能性を持つ子孫を生かし、自らは最終的に安らぐためであると思われます。

仏教がしつこく「欲から離れよ」と説くのは、それが悟りを体得するために必要な手段であるからと思われます。

もしも修行により悟りに至れば、自分という錯覚から解放され、自分の欲にとらわれなくなります。

現代では、一般の人にとって、ゴータマ・ブッダのように修行者として生きることはできません。

現実社会に生活すれば、刺激に満ちた環境の中で、欲望が次から次へと生まれてくることでしょう。そして、その欲望は必ずしも叶うとは限りません。人として生きることは、煩わしさを抱えざるを得ないものであります。けれど、もしも自分の欲望にとらわれなければ、身の丈に合った欲を満たすことは悪いことではないと思われます。

個人の自由や、生存の権利を尊重しながら、ある程度の欲を肯定し、欲を楽しむ方向へと現代社会は変化してきています。社会に適応しながら自分の欲を満たすためには、自我にとらわれず、欲にしばられない、ゴータマ・ブッダの自己心理学の知識が役に立つことと思われます。

あとがき

『ものごとは心にもとづき、心を主とし、心によって作り出される。』　（ダンマパダ　1）

この言葉は、ゴータマ・ブッダの教えが心理学であることを物語っています。

ゴータマ・ブッダは、自己心理学、個人心理学の祖であるといえます。

仏教は、時に実在論として語られることがありますが、その本質は、瞑想という内観を通し、個人の心を対象とした認識論であると思われます。

対象は、自分自身の心であり、生きて存在している個人の心に焦点が当てられた認識論なのであります。

二千五百年前に、すでにゴータマ・ブッダによって探求されていた自己心理学は、合理的で、現代においても通用するものと思われます。

いや、むしろ現代の心理学を超えているかもしれません。

しかし、その学問は正しく伝えられることなく、また個人主義や平等主義を貫く思想を内包するがゆえに、その後のインド階級社会の中で消滅させられてしまいました。

かろうじて、インド以外の東洋諸国でその形を変えて生き延び、そのエッセンスは伝え続けられ、今日に至っています。

ゴータマ・ブッダの自己心理学が正しく伝えられ、社会に受け入れられたなら、人間社会のあり方は、もっと早い時期に理想へと近づいていたかもしれません。

ここでは、「十二支縁起の法」の解釈が間違っているということを指摘して、仏教の文献学が当てにならないということを言いたいわけではありません。

ここに書かれたことのほとんどは、古い文献をもとにして書かれたものです。

ただ、単に古い文献に書かれていることを鵜呑みにするのではなく、合理的な解釈が可能かどうか、あるいは当時の言葉の意味と現代の言葉の意味が同じなのか異なるのか、吟味が必要と考えます。

初期仏教の古い文献がゴータマ・ブッダ自身により直接書き残されたものであれば、何も問題はないと思われます。

しかし、ゴータマ・ブッダ没後に口伝で伝えられ、その後に文字として残されたものであれば、そこに解釈の誤りが入り込まないとは限らないということであります。

並川孝儀氏は『構築された仏教思想』の中で、初期仏教が正確に理解されていない可能性を次のように指摘しています。

「ゴータマ・ブッダの滅後、仏弟子たちはそれぞれの立場や視点からゴータマ・ブッダの原初的な様々な教えの中で、何がその根本であるかを模索し、時にはある教えに、時にはそれと異なった教えに焦点を合わせて解釈し、教理化と体系化を進めた。

ほとんどの初期経典がブッダの滅後になって徐々に仏教教団でまとめ上げられ、中には新たに解釈して生み出されたものがあるにもかかわらず、それを対象にして我々はそれらを歴史上のゴータマ・ブッダの教えであると読み込み、それをもってあたかもこうだと論じているのである。

初期経典の内容は、源流を遡ればゴータマ・ブッダにたどり着くが、ある意味で多くの内容は伝え継承していった仏弟子たちの所産といってもよいものなのである。ゴータマ・ブッダが教えを断定的に説かなかったことが、のちに様々な解釈を許容し、多様性が生まれる要因になったものと考えられる。」と述べています。

また、唐井隆徳氏は、『初期経典における縁起説の展開』の中で、縁起説の展開に関する研究について次のように語っています。

「我が国では、幾度となく縁起説に関する論争が華々しく繰り広げられ、現在では縁起説研究は終息を迎えたと考えられている。しかし、先行研究を一読すればわかるように、十二支縁起の成立過程については必ずしも明確になっているとは言えない。

つまり、縁起説の展開に関する研究は、終息を迎えたと言うよりも、あまりにも難解であるため取り扱うのを止めたと言う方が正確であろう。」

当時の言葉は古くても、それが心理学であれば、現代の科学と同様に合理的な解釈が成立するはずであります。この小論は、あくまでも合理的な理論を目指し、それに沿った解釈を試みた結果として、まとめたものであります。

ゴータマ・ブッダの自己心理学を復活させようとする凡夫の試みは、果たして成功したといえるのでしょうか。

それとも単なるたわごととして、捨て去られてしまうのでしょうか。

この小著を足がかりとして、心ある学徒によって、自己心理学のさらなる探求がなされたなら無上の幸せであります。

【参考文献】

仏教関連

1 『ブッダのことば』（スッタニパータ）中村元、岩波書店　１９８４

2 『ブッダの真理のことば・感興のことば』（ダンマパダ、ウダーナヴァルガ）中村元、岩波書店　１９７８

3 『仏弟子の告白』（テーラガーター）中村元、岩波書店　１９８２

4 『尼僧の告白』（テーリーガーター）中村元、岩波書店　１９８２

5 『ブッダ最後の旅』（大パリニッバーナ経）中村元、岩波書店　１９８０

6 『インド思想史』J・ゴンダ、岩波書店　２００２

7 『原始仏教　その思想と生活』中村元、日本放送出版協会　１９７０

8 『自己の探求』中村元、青土社　２０００

9 『人生を考える』中村元、青土社　２０００

10 『阿含経典1』増谷文雄、筑摩書房　２０１２

11 『阿含経典2』増谷文雄、筑摩書房　２０１２

12 『ウパニシャッド』岩本裕、筑摩書房　２０１３

13 『構築された仏教思想　ゴータマ・ブッダ　縁起という「苦の生滅システム」の源泉』並川孝儀、佼成出版社　２０１０

14 『ブッダが考えたこと　プロセスとしての自己と世界』リチャード・ゴンブリッチ、サンガ　２０１８

15 『古代インド仏教と現代脳科学における心の発見』浅野孝雄、産業図書　２０１４

16 『般若心経』山田無文、禅文化研究所　１９８６

17 『超越と実存　「無常」をめぐる仏教史』南直哉、新潮社　２０１８

18 『仏教思想のゼロポイント　「悟り」とは何か』魚川祐司、新潮社　２０１５

19 『初期仏教　ブッダの思想をたどる』馬場紀寿、岩波書店　２０１８

20 『空と無我 仏教の言語観』定方晟、講談社 1990

21 『龍樹』中村元、講談社 2002

22 『仏教』アンリ・アルヴォン、文庫クセジュ

23 『インド人の考えたこと インド哲学思想史講義』宮元啓一、春秋社 2008

24 『インド哲学の教室——哲学することの試み』宮元啓一、春秋社 2008

25 『ブッダとそのダンマ』B・R・アンベードカル、光文社 2004

26 『正法眼蔵の世界』石井恭二、河出書房新社 2010

27 『初期経典における縁起説の展開』唐井隆徳、佛教大学大学院 文学研究科 仏教学専攻 2017年

28 『ニカーヤが伝承する十支縁起成道記事の問題点』天野信、印度學佛教学研究第56巻第1号

29 『初期仏典における十支縁起説の成立』仲宗根充修、佛教大学大学院紀要 第31号

30 『三支縁起説の成立』唐井隆徳、佛教大学大学院紀要 文学研究科編 第43号

31 『縁起説の一考察（upadhiをめぐって）』宮本正尊、印度學佛教学研究 23巻2号

32 『縁起説におけるupadanaの考察』宮本正尊、印度學佛教学研究22巻2号

33 『仏教における三明の成立』榎本文雄、印度學佛教学研究29巻2号

34 『成道説について』松原秀道、印度學佛教学研究32巻2号

35 『三明説の伝承史的研究』馬場紀寿、東京大学インド哲学仏教学研究室 人文社会系研究科 博士論文 2006年

36 『心解脱と慧解脱』藤田正浩、印度學佛教学研究第42巻第2号

37 『初期仏教の生命観』藤村隆淳、密教文化199巻189号

38 『倶舎論における誕生と死についての考察』宮下晴輝、日本仏教学会報75号

39 『仏教におけるダルマ（法）の意味』宮坂宥洪、現代密教 第22号

哲学、心理学、脳科学関連

40 『方法序説』デカルト、岩波書店　1997

41 『心理学（上）』W・ジェームズ、岩波書店　1992

42 『人性論』ヒューム、中央公論社　2010

43 『「私」は脳ではない　21世紀のための精神の哲学』マルクス・ガブリエル、講談社　2019

44 『自己の起源　比較認知科学からのアプローチ』板倉昭二、金子書房　1999

45 『「自己」の心理学　自分探しへの誘い』榎本浩明、サイエンス社　1998

46 『身体化された心　仏教思想からのエナクティブ・アプローチ』フランシスコ・ヴァレラ、工作舎　2001

47 『心のマルチ・ネットワーク　脳と心の多重理論』岡野憲一郎、講談社　2000

48 『「私」というもののなりたち　自我形成論のこころみ』浜田寿美男、ミネルヴァ書房　1992

49 『野生の知能　裸の脳から、身体・環境とのつながりへ』ルイーズ・バレット、インターシフト　2013

50 『無意識の脳　自己意識の脳　身体と情動と感情の神秘』アントニオ・R・ダマシオ、講談社　2003

51 『無意識の構造』河合隼雄、中央公論新社　2017

52 『自分を知り、自分を変える　適応的無意識の心理学』ティモシー・ウィルソン、新曜社　2005

53 『精神・自我・社会』G・H・ミード、人間の科学社　2017

54 『臨床ユング心理学入門』山中康裕、PHP研究所　1996

55 『100分de名著　善の研究　西田幾多郎』若松英輔、NHK出版　2019

〈著者紹介〉
東海林さとる（しょうじ さとる）
1954年生まれ。高校時代に「自分とは何か」との疑問を抱く。その後、人間についての理解の必要性から医学の道を志し、内科医として医療にたずさわる。
臨床医としての仕事が一段落した50歳代より、哲学的、心理学的、脳科学的、言語学的に「死」や「自己」についての考察を始める。その過程で自己心理学としての仏教に気づき、本書の刊行に至る。

ゴータマ・ブッダの自己心理学《じこしんりがく》
十二支縁起《じゅうにしえんぎ》の謎《なぞ》を解《と》く

2023年9月29日　第1刷発行

著　者　　東海林さとる
発行人　　久保田貴幸

発行元　　株式会社 幻冬舎メディアコンサルティング
〒151-0051　東京都渋谷区千駄ヶ谷4-9-7
電話　03-5411-6440（編集）

発売元　　株式会社 幻冬舎
〒151-0051　東京都渋谷区千駄ヶ谷4-9-7
電話　03-5411-6222（営業）

印刷・製本　中央精版印刷株式会社
装　丁　　秋庭祐貴

検印廃止

ISBN 978-4-344-94634-7 C0095
幻冬舎メディアコンサルティングＨＰ
https://www.gentosha-mc.com/